掌尚文化

Culture is Future

尚文化·掌天下

国家自然科学基金项目（11471152）

THE EXOTIC
OPTION PRICING
PROBLEM II
UNCERTAI
ENVIRONMEN

不确定环境下的
新型金融期权定价研究

刘 洋◎著

The Exotic

Option Pricing

Problem in

Uncertain

Environment

经济管理出版社

ECONOMY & MANAGEMENT PUBLISHING HOUSE

图书在版编目（CIP）数据

不确定环境下的新型金融期权定价研究/刘洋著.—北京：经济管理出版社，2021.12

ISBN 978-7-5096-8280-7

Ⅰ.①不… Ⅱ.①刘… Ⅲ.①期权定价—研究 Ⅳ.①F830.95

中国版本图书馆 CIP 数据核字（2021）第 261462 号

策划编辑：张　昕
责任编辑：张　昕
责任印制：黄章平
责任校对：陈　颖

出版发行：经济管理出版社
　　　　　（北京市海淀区北蜂窝 8 号中雅大厦 A 座 11 层　100038）
网　　址：www.E-mp.com.cn
电　　话：（010）51915602
印　　刷：北京晨旭印刷厂
经　　销：新华书店
开　　本：710mm×1000mm /16
印　　张：14.75
字　　数：203 千字
版　　次：2022 年 6 月第 1 版　　2022 年 6 月第 1 次印刷
书　　号：ISBN 978-7-5096-8280-7
定　　价：98.00 元

前　言

全球经济的高速发展推动了金融衍生产品交易量的提升，为期权的定价问题带来广泛关注。在实际的金融交易活动中，投资者的主观性在交易中占有很大的权重，为了科学地处理人们在决策中的信度，刘宝碇创立了不确定理论这门新型的数学工具，它是一个完备的公理化的数学体系，随后被应用在金融领域中，为期权定价理论提供新的研究视角。

与用随机微分方程来描述 Black – Scholes 模型中股票价格变化的传统方式不同，本书假设标的物资产价格服从 Liu 过程驱动的不确定微分方程，使其更符合现实的金融实践活动。本书以不确定微分方程为工具，在不确定理论的框架内创新性的研究科学问题，主要在以下几个方面开展了研究工作：

第一，基于多维度不确定股票模型的稳定性对期权产品选择决策问题进行理论的拓展。通过分析针对多维度不确定微分方程，p – 阶矩稳定性和依测度稳定性之间的关系，得到以下期权产品选择的决策建议：当股票模型中的参数满足条件时，股票模型是 p – 阶矩稳定的，此期权产品将受到风险厌恶型投资者的喜爱；否则，参数不满足条件时，股票价格是不稳定的，在风险程度高的情况下收益可能无限大，可将此产品推荐给风险偏好型客户。通过金融数值算例的形式进一步说明了该问题研究内容的有效性，从而为投资者提供适合的金融产品，制定合理的投资决策，提高资产的利用率。

第二，基于多因素不确定股票模型的稳定性对期权产品选择决策问题进行理论的拓展。分析了针对多因素不确定股票模型、p – 阶矩稳定性、指数稳定性、依测度稳定性、依均值稳定性之间的关系，得到了以下期权产品选择的决策建议：当基础股票价格的模型是 p – 阶矩稳定的，此期权产品将受到风险厌恶型投资者的喜爱；当股票模型是依均值稳定的，此期权产品将受到风险中性型投资者的喜爱；当股票模型是依测度稳定的，此期权产品风险较高，收益可能极大或极小，可将此产品推荐给风险偏好型客户。

第三，在股票价格服从不确定指数 Ornstein – Uhlenbeck 模型的情形下，分别求解对看涨幂期权和看跌幂期权的定价问题。通过对影响期权价格的参数进行敏感度分析，得到以下结论：随着无风险利率、初始价格、波动率和幂指数的递增，看涨幂期权的价格增大；随着执行价格递增，看涨幂期权的价格减小；随着无风险利率、初始价格、波动率和幂指数的递增，看跌幂期权的价格减小；随着执行价格递增，看跌幂期权的价格增大。

第四，在货币价格服从不确定均值回望汇率模型的情形下，分别求解看涨货币回望期权和看跌货币回望期权的定价问题。通过对影响期权价格的参数进行敏感度分析，得到以下结论：随着初始汇率值的递增，看涨货币回望期权的价格增大；随着执行价格递增，国内外无风险利率递增，看涨货币回望期权的价格减小；随着执行价格的递增，看跌货币回望期权的价格增大；随着初始汇率值，国内外的无风险利率递增，看跌货币回望期权的价格减小。

本书旨在为期权定价问题和期权产品选择决策问题提供一个系统和定量的建模框架和研究方法，开拓相关问题的研究视角，拓展不确定理论的应用范围，具有较为重要的理论意义和实际价值。

目 录

第一章 绪 论

第一节 研究背景

一、全球突发事件频繁发生

自 18 世纪以来，全球范围内发生了多起突发事件，对金融市场和经济体系造成了重大影响。在不确定的环境下，股票稳定性降低，价格暴跌，引起多国股市多次熔断，人们对金融衍生产品的需求提高，对金融衍生产品的科学定价和使用也就显得尤为重要。

特别是，2008 年 9 月中旬由美国雷曼公司申请破产引发的全球金融危机，带来了惨痛的教训，该公司破产的主要原因是金融衍生产品的滥用。作为提供投机和套利机会的产品，如果不被科学地使用，将造成巨大的社会灾难和经济损失。早在两千年前，《周易·丰》有云"日中则昃，月盈则食"，意思是事物的发展和应用一定要适度，只有掌握了这个度，才能避免"过"与"不及"的错误。由美国引发的全球性金融危机表明，过度使用金融杠杆，不加规范地推出和滥用金融衍生产品势必会给金融业带来严重影响。

我国金融市场起步较晚，相关的市场制度、产品种类、学术研究、风险管控等方面的经验、手段明显落后，且杠杆效应持续升高，引起了众多经济学家的关注。因此，在当今经济高速发展的中国，用科学的方法深入研究金融市场产品的定价，构建涵纳不确定因素的稳健的经济体系显得尤为重要。

为有效管理并控制金融风险，金融衍生产品应运而生。金融衍生产品，顾名思义，是由某种基本的变量衍生而来的金融产品，在金融市场中作为风险转移和互换现金流量的双边合约，它们通常以某种具体交易资产的价格作为其标的变量，比如外汇期权是通过汇率衍生出来的产品。因此，它们的价格与其标的物基础资产的价格走向密不可分。一件木制家具的价格取决于作为其原材料的木材以及品牌、设计等其他因素的影响，其中影响最大的是木材价格，从昂贵的红木到低廉的松木。如果没有木材，家具无法被制作，家具的价格也不复存在。但是木材的价值不以能否制作家具为前提，没有被加工过的木材依然有价值，依然可以在市场上出售。金融衍生产品就相当于这个例子中的木制家具，它的价值由基础资产的市场价格变化衍生而来。显而易见，没有基础资产作为前提，金融衍生产品则不会存在，就像没有原材料无法制作家具；反之，基础资产不以金融衍生产品的存在为前提，常见的类型还有以土地为基础资产的金融衍生产品（杨宏力，2020）。

衍生产品已经拥有四千年的历史，直至 20 世纪 70 年代开始作为风险控制的重要工具，才开始在国际金融市场崭露头角。中国的金融衍生产品市场虽然起步比较晚，但呈现出良好的发展势头，并不断壮大。不同的衍生产品类型有不同的上涨趋势，其中期权涨幅最大。例如，2002 年中国外汇市场中衍生产品的交易量占比为 5.3%，到 2017 年已经达到 60.6%，发展十分迅速（见图 1-1）。

（亿美元）

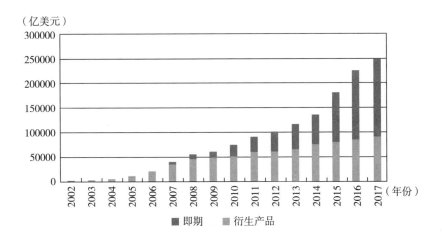

图1-1 中国外汇市场交易量

资料来源：国家外汇管理局，中国外汇交易中心。

二、期权需求量暴涨

期权产品的风险转移性使其供不应求。期权产品指一种可以在未来某特定时间以约定的价格买入或卖出一定数量的标的物的权利，本质上是一种选择权。从1973年在美国芝加哥期权交易所（Chicago Board Options Exchanges，CBOE）开办交易以来，期权产品在对冲风险和风险转移方面发挥了关键作用（见图1-2）。相应地，其在金融领域的地位也不断提高，如今花样繁多的期权产品交易遍布全球各大交易所。2020年1月21日，美国期货业协会（Futures Industry Association）发布了2020年全球80多家交易所衍生产品市场交易情况数据。统计数据显示，2020年全球期货、期权成交量与持仓量均创下历史新高。具体来看，2020年全球期货、期权成交量达到467.7亿手，同比增长35.6%。其中，期货成交量同比增长32.7%，至255.5亿手；期权成交量同比增长39.3%，至212.2亿手。全球期货、期权持仓总量在2020年底达9.873亿手，同比上升9.7%。各发达国家纷纷建立了自己的期权交易市场。期权在美国广受青睐，据美国期权工业协会统计，在管理的资产超过1亿美元的金融机构中，85%的机构从事期权交易活动。此外，COVID-19病毒在全球范围内传播，导致金融市场波动性激增，截至2021年11月5日，美国期权名义单一股票交易量达到了9040亿美元，期权累计交易量达到了创纪录的2.6万亿美元。

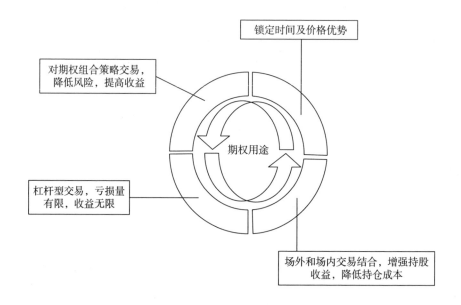

图1-2　期权对投资者的作用

三、期权定价之难

购买期权产品所赋予的权利需要付出的代价就是期权的价格。本质上，它是一种风险价格，但同时还受标的物资产的当前价格及执行价格和波动率及无风险利率等多种因素的影响。伴随着金融衍生产品市场的形成及发展，期权的合理定价问题一直困扰着广大投资者。主要原因表现在以下几个方面：

首先，金融衍生产品是虚拟产品，不是实物，因此它产生交易带来的经济发展是数字式的增加，所以金融衍生产品的定价与成本无直接联系，主要随着未来可索取的收益的大小和不确定程度而发生变化。其收益受到多方面的影响，比如汇率、利率、国际金融走势等，甚至受到行为心理学的影响。

其次，金融衍生产品的多样性。基本的金融衍生产品主要有远期、期货、期权、互换四种类型。此外，考虑到客户的需求不同，国际金融市场通过由它们再次组合、与基础金融工具组合、改变或附参量，大量衍生出新的产品，进一步加大了金融衍生产品定价问题的难度。

最后，研究金融衍生产品的定价问题涉及多学科的交叉，相对比较复杂。它涉及微分方程、随机过程、金融工程、模拟仿真等多个学科的知识，需要通过理论分析、数学建模、数值计算等方式结合进行探索研究。此外，期权定价是所有金融衍生产品定价中最复杂的，一直是许多学者关注的焦点。

四、解决方案雏形

期权的定价问题自 1990 年由 Bachelier（1990）提出后，被学者广泛探讨，但是由于没有科学的方法，影响微乎其微。直到 1951 年 Ito（1951）提出了随机微分方程的概念，之后关于期权或其他金融产品的定价问题都是在假设标的资产价格满足微分方程的基础上进行研究，该问题开始被科学的理论和方法解决。

1973 年，Black 和 Scholes（1973）尝试通过随机微分方程进行股票价格的建模分析，得出著名的 Black – Scholes 期权定价模型（以下简称 B – S 模型），这不仅在评估期权价值和控制投资风险方面为投资者提供了更加便捷、准确的方法，而且给出了欧式期权的定价公式，引发了"第二次华尔街革命"。考虑到现实情形中标的资产的价格有带跳的现象，1976 年 Merton（1973）在 B – S 模型的基础上引入了跳跃 – 扩散模型，并给出了相应的欧式期权的定价公式。因为在期权定价理论方面做出的突出贡献，1997 年 Scholes 教授和 Merton 教授获得当年的诺贝尔经济学奖，同时对已故 Black 教授的贡献做了肯定，他们三人被视为现代期权定价理论之父。尽管该模型还有一些瑕疵，但它们已经足够作为支持交易量庞大的期权交易的定价工具。

我国金融衍生产品市场发展的滞后性比较明显，长期投资的回报不稳定，企业的融资产品与渠道不成熟，市场价格不完全合理。基于期权定价问题在金融市场中的重要性，深入分析期权定价问题的理论和方法，贴近实际地构建数学模型，为国家、金融机构的管理者、金融市场的投资者和从业者提供科学的期权定价问题的模型和方法，是当前急需解决的研究问题。

五、期权目前处境

期权对于国内大多投资者来说是一种比较陌生的新型金融工具，然而从全球视角来看，期权早已是金融市场中重要的风险管理、套利投机的衍生工具。与股票、债券、期货等金融工具一样，期权是金融市场不可分割的重要组成部分。期权作为金融衍生产品的重要组成部分，具有规避和转移风险功能，可将风险由承受能力较弱的个体转移至承受能力较强的个体；将金融风险对承受力较弱企业的强大冲击，转化为对承受力较强企业或投机者的较小或适当冲击，强化了金融体系的整体抗风险能力，增加了金融体系的稳健性。

期权是一种标准化的合约，也是一类典型的衍生证券。期权的价值与其他基础证券的价格有关。这些决定期权价值的基础证券也称为标的资产（Underlying Assets）或原生证券（Primary Securities）。比较常见的标的资产有股票、股指和债券。期权的本质是具有法律效力的合约，代表一种权利。期权交易是一种权利的买卖，期权的买方取得选择权，在约定的时间内可以选择买入或卖出标的资产，也可以选择放弃行权，而期权的卖方只有履行合约的义务没有选择权。

期权最大的特征是权利和义务的非对称性，买方有权利但没有义务，而卖方有义务而没有权利。期权不同于传统金融工具的最主要特征就是期权所具有非线性的收益亏损结构。债券、期货和股票等传统基础证券的收益亏损结构都是对称的。投资者如果对这些基础证券价格走势判断正确则能够获利，如果判断错误则亏损。与传统基础证券不同，期权的收益亏损结构是不对称的。期权的不对称结构体现在对于那些持有期权的投资者而言，对期权标的资产的价格走势做出正确的判断则能够获得收益，而判断错误则面临有限的亏损；但对期权的空头而言，对标的资产价格走势做出正确预测仅能获得有限的收入，而预测错误则可能承担极大的亏损风险。看涨期权（Call Option）和看跌期权（Put Option）是两种最为基本的期权。看涨期权赋予期权持有人在未来某个特定的时间以一个特定的价格买入期权标的资产的权利。相反，看跌期权赋予期权所有人在未来某一个特定的时间以一个特定的价格卖出期权标的资产的权利。

现代期权是在1792年纽约证券交易所成立后发展起来的，几乎与股票同时开始交易。一些期权经纪人和交易员协会的成员开创了场外期权交易市场。协会成员既可以是交易商也可以是经纪商，他们既联系期权交易的买卖双方又自己持有交易头寸。当时还不存在期权交易的中心市场，期权交易都在场外进行。开始交易的主要是股票的看涨期权，看跌期权相对较少。市场依靠那些为买家或者卖家寻找交易对手的经纪商运行，每一笔交易的谈判都相当复杂。到20世纪20年代，美国股票期权市场已经得到一定程度的发展，但也曾出现一些风险事件。总体来看，场外期权一直不是市场的主流产品，直至场内金融期权市场的建立。当时的场外期权交易市场存在如下几个缺点：首先，场外交易市场没有为期权所有者提供在合约到期之前卖出期权的机会，期权所有人只能在到期日行权。因此，当时的场外期权交易合约很少或者几乎没有流动性。其次，买方收益只能由交易商或经纪商提供保障。假如卖方或期权交易商和经纪商破产，期权持有者会损失信用。由于期权交易缺乏流动性和保障性，场外期权市场的交易费用相对较高。

1973 年芝加哥交易所成立专门交易股票期权的交易所，该交易所命名为芝加哥期权交易所（CBOE）。1973 年 4 月，芝加哥期权交易所上市股票买权合约，标志着场内金融期权市场的诞生。芝加哥期权交易所的建立使得期权交易合法化，同时由于通过交易所能够减少交易对手风险，期权对套期保值和投资者更具有吸引力。1974 年，美国全国性期权清算机构——期权清算公司（Options Cleanig Corporation，OCC）成立。1975 年，美国证券交易所和费城证券交易所上市了股票期权；1976 年，太平洋证券交易所也开始上市股票期权。这时，所有交易所交易的股票期权还都是看涨期权。在期权市场，仅有看涨期权，或者仅有看跌期权，市场都是不完整的，在很大程度上抑制了期权的运用。芝加哥期权交易所早期期权交易品种为 16 只标的为美国股票的看涨期权。1977 年 6 月，股票看跌期权也开始在芝加哥期权交易所交易，投资者对看跌期权的接受之快超出了预期。随后，美国其他交易所也纷纷推出看跌期权。以债券、货币为标的物的其他基础资产的期权也陆续开始在芝加哥期权交易所和其他交易所进行交易。如今期权交易所的标的资产涵盖股票、股指、债券、外汇、大宗商品以及其他指数或基础金融工具。至此，完整意义的场内期权市场才真正建立起来，市场开始进入新的发展阶段。

芝加哥期权交易所创造了期权交易中心场所。通过标准化合约条款增加了流动性。也就是说，投资者原来买入或卖出的期权可以在到期日前通过场内交易中心卖出或买入该期权，因此对冲了原来的期权持有头寸。更重要的是，芝加哥期权交易所成立了清算中心，通过要求卖方履行义务保证了买方的权益。因此，不像场外期权交易市场，买方不再需要担心卖方信用风险。

1982 年之前，美国要求所有的期货或者期权产品必须实物交割，而如果股指期货或股指期权进行实物交割，将导致交易成本非常高，这影响了指数产品的推出。1982 年美国国会通过"夏德—约翰逊协议"，协议明确规定：现金交割对期货和期权有效，该协议为指数衍生产品的发展扫清了障碍。1983 年，芝加哥期权交易所推出了全球第一只股指期权合约——CBOE100 股指期权（后更名为 S&P100 股指期权）。

20 世纪 80 年代初，很多公司开始使用外汇和利率互换管理风险。这些合约是根据买卖双方特殊要求设计的场外交易。场外交易的特点在于：首先，期权合约条款可以根据双方的特殊需要商定；其次，场外交易市场属于私下的市场；最后，场外交易市场是无管制的。由于期权场外市场与期权交易所均具有巨大的规模和良好的运行方式，期权场外市场与期权交易所在最近 20 年内旗鼓相当。期权交易所迎合了小型投资者的需求，他们需要可靠的交易所和做市商为交易提供信用担保，而规模较大的机构投资者则更需要场外期权市场提供的个性化选择。

近十几年来，场内期权一直保持着很高的增长速度，其交易量与期货基本平分秋色，成为全球金融体系中不可或缺的有机组成部分。美国期货业协会（Fltures Industry Association，FIA）统计数据显示，截至 2011 年底，全球已有 50 余家交易所上市期权产品，遍及所有成熟市场和主要的新兴市场。2011 年，期权的成交量高达 128 亿手，超过期货的 121 亿手，创历史新高。场内期权市场产品种类也日益丰富。标的资产不仅包括股指、股票个股、ETF、利率、汇率等，还被引入到几乎所有的主要期货类型上，包括商品期货、利率期货、汇率期货等。

在股票期权方面，2014 年，全球交易所中股票期权的成交量为 38 亿手，与 2013 年相比较下降了约 4%。美国、欧洲和南美地区的交易所股票期权交易量有所下降，但在亚洲地区，交易所股票期权交易量呈现整体上升的趋势。其中，日本证券交易所和孟买证券交易所的交易量涨幅分别高达33%和15%。在股指期权方面，2014年全球股指期权交易量增幅达到14%。在全球股指期权交易中，最活跃的十个交易所中有七个位于亚洲。孟买证券交易所交易量增长迅猛，2014年股指期权交易量为2013年的两倍；2014年美国股指期权交易量增长较快，2014年增长率达到14.0%，其中芝加哥商品交易所增长率高达43%；欧洲、非洲和中东地区的交易量则增长缓慢。在ETF期权方面，2014年ETF期权的交易下降了8%。ETF期权市场仍然以美国市场为主，欧洲、亚洲和拉丁美洲的市场份额非常小。美国市场占有绝对的领先地位，其市值占全球市值的99%。

在中国，期权的发展始于外汇期权。中国最开始交易的外汇期权是中国银行推出的"期权宝"。由于当时没有完善的期权交易市场，其交易方式是场外交易。2011年2月国家外汇管理局发布《国家外汇管理局关于人民币对外汇期权交易有关问题的通知》（以下简称《通知》），批准中国外汇交易中心在银行间外汇市场组织开展人民币对外汇期权交易。2011年4月，国内正式推出了人民币对外汇期权业务，这标志着我国人民币对外汇期权交易正式进入了实质性操作阶段。《通知》规定，除对已买入的期权进行反向平仓外，不得办理客户卖出期权业务。2011年11月，国家外汇管理局发布了《国家外汇管理局关于银行办理人民币对外汇期权组合业务有关问题的通知》，推出人民币对外汇看跌和看涨两类风险逆转期权组合业务，并对银行办理相关业务进行规范，该文件自2011年12月1日起施行。期权的买卖组合降低了投资者单方面卖出期权的头寸风险，更好地满足了投资者保值和避险的需求。该外汇期权交易只允许在中国的银行间外汇市场进行，因此属于场外交易期权。我国场内期货市场已经取得一定发展，但场内期权市场才刚刚起步。期货和期权是资本市场最基本的风险管理工具。但是期权产品具有其独特的市场化风险转移功能，因此积极稳定地推出场内期权产品，完善我国资本市场产品的结构和功能，提升资本市场效率和服务实体经济能力，是推进我国国际金融中心建设的重要环节。2008 年上海证券交易所确定了股票期权为未来的新产品开发重点。2010 年对股票期权产品正式立项，与 7 家证券公司联合成立项目小组。2012 年 6 月，部分券商参与的上交所股票期权模拟交易系统上线。2013 年 12 月，推出了股票期权全真模拟交易系统，近 80 家券商、40 万名投资者参与了股票期权全真模拟交易。2015 年 2 月，上海证券交易所正式推出了上证 50ETF 期权。作为我国首个场内期权产品，上证 50ETF 的推出标志着我国资本市场期权时代的来临。

第二节　研究意义

金融衍生产品是一把"双刃剑"，如何趋利避害，准确解决期权定价问题，充分获取国际金融市场的红利，切实发挥期权市场的巨大潜能，促进中国金融行业健康、稳定发展，是当前学界需要着重探索的重要议题。

Black – Scholes 期权定价模型开创性地建立了期权定价理论体系，极大地推动了整个金融衍生产品市场的快速发展。但在大量实际问题的具体应用中，学者逐渐发现 Black – Scholes 模型的假设过于严格，导致它的推导及运用受到多个条件的约束，得到的结果具有局限性。另外，Black – Scholes 模型的应用需要较为严苛的前提条件，一是资产收益率服从正态的概率分布，二是标的物资产价格遵循集合布朗运动过程，但实际情况很难满足这两个条件，因此通过随机微分方程来分析股票的价格，效果并不理想。Liu（2013）提出了两个悖论，从理论上证明了实际的股票价格不可能服从一个随机微分方程。基于 Liu（2007）创立的不确定理论，他提出了由 Liu 过程驱动的不确定微分方程，并于 2009 年将其运用到金融领域中，建立了用不确定微分方程刻画股票价格变化的模型，给出了相应的欧式期权定价公式，为金融衍生产品的定价研究提供了新的方法和手段，拓展了研究思路，是对如何科学地解决期权定价问题的一次有益探索，同时弥补了 Black – Scholes 股票模型的缺陷。由此可见，通过不确定微分方程对期权定价理论进行研究，对金融衍生产品定价的实际决策具有重要的理论指导意义和现实参考价值。

1. 理论上，丰富期权定价研究体系，促进金融数学理论研究

一方面，金融衍生产品定价理论为其在市场上进行交易提供了可能与便利，为金融风险管理奠定了理论基础。另一方面，随着中国金融业的深入发展，学者从理论上发现了随机金融模型的不足，因而用随机微分方程的方法去处理期权的定价问题出现局限性和对新型期权的不适用性。面对如何科学管理金融市场的诉求，两次华尔街革命催生出的新兴研究领域——金融数学，是当前该领域较为前沿的一个学科。基于金融数学理论的基础，借助不确定理论的知识，利用其与概率论不同的公理化基础和运算法则来处理期权定价问题提供了一种新的视角。在不确定理论的运算法则下，这些定价公式有着更为简洁的形式，方便使用。它是期权定价方法的一次创新，既能扩展现代金融理论的内容，又能有效促进金融水平的提升，对金融衍生产品定价具有重要的理论指导意义。

2. 实践上，优化金融市场结构，推动金融衍生产品不断完善

期权定价问题是一个非常普遍且重要的金融问题，基于我国金融市场起步较慢，理论与实践脱节的现状，研究该理论对促进我国经济发展，特别是金融市场的完善具有巨大的现实参考意义。宏观层面上，在完善金融市场体系、提升国家国际竞争力，以及推进中国建设世界性经济与金融中心的进程中，期权定价理论研究不可或缺。因为只有使用科学的方法推动金融衍生产品的设计与开发，才能管控金融市场质量，完善金融市场结

构，进一步打造完备的金融市场，增加其流动性，提高其运作效率。

同时，可以降低交易和融资的成本，优化资产配置，提高风险管理的有效性和标的成交量，从而刺激经济增长。从微观角度来看，期权的使用影响个人、家庭、企业的发展。例如，股票期权模式是企业为了激励和留住高层管理人员和技术骨干而推出的长期激励模式，既提高了团队的凝聚力，又解决了资金周转不足的问题。小到家庭来说，研发期权产品可以满足投资者日益多样化的需求，并有效降低投资成本。此外，各国政府也需要借助它来有效防范衍生产品对金融市场的冲击，从而保证本国经济、金融市场的稳定繁荣。无论是当前的中美贸易摩擦还是长期的大国博弈，都势必会冲击我国经济金融体系，增加金融市场的不确定性。在这种情形下，在不确定微分方程的框架下研究期权定价理论，既在维护金融市场稳定和管理金融机构风险方面具有一定的现实意义，也有利于促进现代金融理论与实际的相互交融、共同发展。

第三节 期权定价问题的相关概念

一、金融衍生产品

衍生产品是英文"Derivatives"的中文意译，其原意是派生物、衍生物的意思。在金融市场上，衍生产品是指为了有效管理金融风险而设计的工具，通常是一种私人合约。其价值一般是从一些标的（Underlying）资产价格、参考利率或指数（如股票指数、商品指数）中派生出来的，这种合约通常会规定一个名义数量（Notional Amount），可以根据货币、股份、蒲式耳或其他一些单位来定义这个名义数量。

早期的金融市场上只有四种金融工具：银行存款、汇票（银行承兑汇票）、债券和股票。银行存款产生于13世纪，所知最早的是卢卡的瑞塞迪银行（Ricciardi of Luca），它在1272—1310年给英国王室提供了40万英镑的借款，虽然这笔借款的拖欠导致了该公司的破产，但同时也留下了一个早期金融风险的例子。汇票（Bill of Exchange，Draft）作为以支付金钱为目的，并且可以流通转让的债权凭证几乎和银行存款同时代产生，而各种类型的债券（Bond）作为定期获得利息，到期偿还本金及利息的凭证是到16世纪才出现的，第一只真正意义上的政府债券是155年的Grand Parti of Francis I，它不是面对少数银行发行的，而是面向所有的投资者。股票则起源于1600年的英国东印度公司，最初的股票是出海前向人集资，航次终了将个人的出资及该航次的利润交还出资者的凭证。第一家永久性的股份公司是成立于1602年的荷兰东印度公司。自1613年起，该公司改为每四航次才派发一次利润，这也正是"股东"和"派息"的前身。由此可以看出，早期的金融投资相对简单，投资者遵循的是"低买高卖"，"不要把所有的鸡蛋放在一个篮子里"之类的朴素的投资哲学，直到20世纪后半叶，金融市场的发展才出现急剧上升的趋势，数学工具也在金融市场中崭露头角。这种变化的产生是与华尔街发生的两次金融变革分不开的。

国际上金融衍生产品种类繁多，根据产品形态分类，远期合约（Forward Contracts）、期货（Futures）和期权（Options）构成了三种最基本的金融衍生工具（掉期实际上可以视为由远期合约派生出的）。

远期合约（Forward Contracts）是一个在未来的确定时间按确定的价格购买或出售某项标的资产的协议。它一般都在场外交易（Over – the – counter，OTC），即不同于规范的交易所内进行的交易，通常是两个金融机构之间或金融机构与客户之间签署该合约。买入远期合约的一方称为多头（Long Position），卖出方称为空头（Short Position）合约中规定好的确定价格和确定时间称为交割价格（Delivery Price）和交割时间（Maturity）。

期货（Futures）与远期合约相同，也是两个对手之间签订的一个在未来的确定时间按确定的价格购买或出售某项标的资产的协议。但与远期合约不同的是，期货交易通常在规范的交易所内交易，交易所详细规定了期货合约的标准化条款并提供承兑保证，期货合约上的交割价格（期货价格）通常是由场内交易决定的，所以供求关系的变化直接对其产生影响。

期权（Options）是这样一种权利，其持有人在规定的时间（Expiration Date）内有权利但不负有义务（可以但不是必须）按约定的价格（Exercise Price，Strike Price，）买或卖某项产品。

二、期权定价问题

作为一种常见的金融衍生产品，期权存在多种分类方式。依据期权持有人所拥有的权利划分，有看涨期权和看跌期权两种类型。看涨期权指一种可以在未来某特定时间以约定价格买入某种资产的权利；相反地，看跌期权是一种能在未来某特定时间以约定价格卖出某种资产的权利。特定价格被称为执行价格或敲定价格，特定时间被称为到期日，某种资产被称为标的物，标的物可以是股票、货币、股指和期货等。从期权的到期日来看，可划分为美式期权和欧式期权。根据标的物资产的类型划分，主要有实物期权和金融期权。

在众多期权形式中，股票期权的交易量是最大的，在世界各大期权交易所中也最为常见。近年来，除了广泛流行的欧式期权、美式期权这类定义标准且意义明确的简单产品（标准期权）外，国际金融市场涌现出金融工程师将标准期权通过参数、维度等方面的扩展或更新产生的新型期权，如组合期权、回望式期权、障碍期权、幂期权和亚式期权等。这类期权虽然交易量远远小于标准期权，但是由于它们具有较高的灵活性、杠杆效应更高，更受投资者的欢迎。

欧式期权和美式期权有一个共同的特点，就是它们的最终收益只依赖于期权到期日标的资产当天的价格，而与它们的历程无关。在新型期权中有比较特殊的类别叫作路径依赖期权。路径依赖期权的特点就是期权的最终收益不仅依赖于期权到期日标的资产的价格，而且与整个期权有效期内标的资产价格的变化过程有关。亚式期权是新型期权的一种，属于路径依赖期权。其到期收益函数依赖于标的资产有效期至少某一段时间内的某种形式的平均。通常取标的资产价格按预定时间内的算术平均值或几何平均值作为其平均价格。目前，亚式期权是 OTC 市场上广受交易者青睐的金融工具。美式期权权利的行使是如此不确定，欧式期权权利的行使又是如此严格，为满足某些中间地带的需要，产生了百慕大式期权（Bermuda Option），其权利的行使可以在期权有效期内某些规定好的日期。百慕大式期权至今限于小范围的交易，基本属于场外交易，交易量有限。

相比在交易所内进行交易的股票期权、股指期权、货币期权和期货期权等期权形式，场外交易承担了更多的期权交易，标的物资产的选取也比较灵活，从猪肉价格到某个滑雪胜地的降雪量，万物皆可作为标的物。以房屋的看涨期权为例，进行详细说明。假设某人一年后有买房子的需求，那么可以现在交一定数量的定金，拥有一年以后以 40000 元/平方米的价格买入上海市嘉定区某小区房子的权利。那么一年之后，可以根据此时该小区的房价来决定是否行使这个权利。如果房价涨到了 45000 元/平方米，他仍然有权利以 40000 元/平方米的价格买入该房子。如果房价跌到了 35000 元/平方米，他一般不行使这个权利了，直接以 35000 元/平方米的价格购房。以上描述的就是看涨期权，一年后的房屋价格为该期权的执行价格，而到期日为一年后的某一天。

任何一个期权合约合同都由两方签订，即期权的多头（买入方）和空头（卖出方）。以上述房屋的看涨期权为例，此看涨期权的多头是有购房需求的人,其空头是房地产公司。图1-3（a）代表买入看涨期权的收益,图1-3（b）代表卖出看涨期权的收益。图1-4（a）代表买入看跌期权的收益,图1-4（b）代表卖出看跌期权的收益。

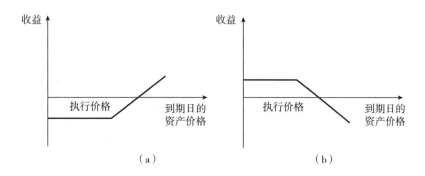

图1-3 看涨期权产品的收益

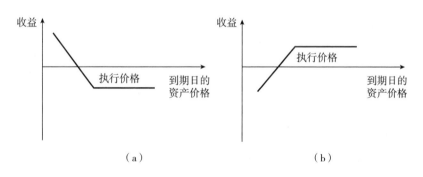

图1-4 看跌期权产品的收益

期权价格的确定是期权交易中不可或缺的环节,它实质上是为获得期权赋予的权利所付出的成本,比如在房屋看涨期权中支付的定金。期权的价值由其内在价值和时间溢价共同决定。内在价值指期权合约立即执行时能够获得的利润,它由标的物资产的现行市价、执行价格以及期权类型决定;时间溢价指期权价值超出内在价值的部分。在其他参数不变的条件下,如果期权的有效期越长,价值波动性越高,那么其时间溢价也就越大。而如果期权已到期,那么期权价值等同于内在价值。众多的期权定价影响因素使给某具体期权一个合理的定价变得困难，但 Black – Scholes 模型巧妙地解决了这一问题，它提出通过布朗运动来描述股票价格，并给出了相应的欧式期权的定价公式。

三、期权产品的选择依据

如何更科学、更合理地体现某金融产品的风险程度，可以借用约翰赫尔（2000）的一句话，股票价格的曲线都可以用微分方程来刻画。那么通过分析该不确定微分方程的稳定性，就可以科学地描述金融产品的价格变化程度，从而得知该金融产品的风险类型。由此，可以根据投资者的风险类型（包括风险厌恶型、风险中性型和风险偏好型三种）向其推荐相匹配的金融产品。以图 1 – 5 为例，图 1 – 5（a）中的曲线代表军工 ETF 基金 2020 年 11 月至 2021 年 10 月的价格变化，可将该金融产品向风险偏好型投资者推荐；图 1 – 5（b）中的曲线代表民生加银添鑫纯债 C 基金 2020 年 11 月至 2021 年 10 月的价格变化，可将该金融产品向风险厌恶型投资者推荐。

不确定微分方程有多种不同的形式，如带跳的不确定微分方程、多因素不确定微分方程、多维度不确定微分方程、带延迟的不确定微分方程、高阶不确定微分方程和回看不确定微分方程等。其中，带跳的不确定微分方程主要描述股票价格中的跳跃现象，多因素不确定微分方程适用于多个因素影响股票价格的情况，而多维度不确定微分方程主要用来刻画由多个 Liu 过程驱动的股票价格变化。微分方程的稳定性有多种类型，通过分析可知，其中最稳定的是 p – 阶矩稳定性，指数稳定性、几乎完全稳定、依分布稳定等，该类型的金融产品较受风险厌恶者的喜爱；其次是依均值稳定，受到风险中性者的喜爱；最后是依测度稳定，受到风险偏好者的喜爱。

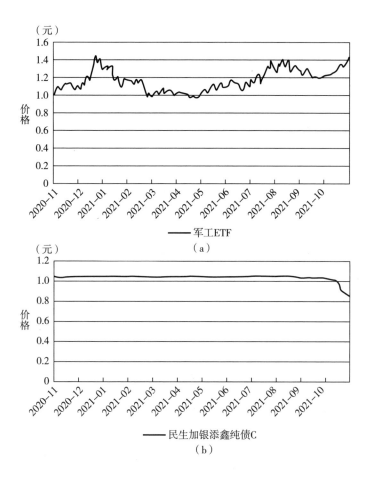

图 1-5 2020 年 11 月至 2021 年 10 月军工 ETF 与民生
加银添鑫纯债 C 基金价格走势

期权的价格与基础股票的风险类型密切相关，看涨期权价格随股票价格上升而上升，而看跌期权价格随股票价格上升而下降。此外，期权价格的绝对百分比变化大于对应的股票价格的绝对百分比变化。因此，通过研究股票的风险类型，可以对期权产品的选择更有把握。

第四节　国内外研究现状

一、期权定价问题的研究现状

1. 古老的雏形阶段

同其他的金融衍生产品相比，期权的发展历史更为悠久和波折。期权交易这一协议最早被记录于《圣经·创世纪》中。大约在公元前 1700 年，雅克布为与拉班的女儿结婚签订了一个契约，即雅克布只有为拉班工作七年，才能娶到他的女儿。此外，亚里士多德所著的《政治学》一书中，记载了古希腊数学家泰利斯利用期权牟利的故事。他利用所学的天文学知识推算第二年的橄榄收成，然后以低价租到西奥斯和米拉特斯大区的橄榄磨坊的使用权，到了次年春天橄榄收获时，将榨油机以高价租给橄榄种植者，从中获利。这种"使用权"即期权的隐含概念，可以看作期权雏形的诞生。

在期权的发展史上，第一次由杠杆效应过高、风险管理不当导致的经济泡沫是 17 世纪荷兰的郁金香炒作事件。众所周知，郁金香作为荷兰的国花受到广泛的欢迎，在当时更是荷兰的贵族阶层竞相拥有及攀比的对象。为了提高利润，批发商直接向郁金香的种植者购买期权，即在未来的特定时间内以特定的价格买入郁金香。由于郁金香价格的指数型上涨，荷兰各个阶层的人都变卖财产加入此次炒作，其中有一株郁金香的售价甚至可以买下阿姆斯特丹运河畔的豪宅，取名为"永远的奥古斯都"。随着荷兰经济的衰退，郁金香市场一夜崩塌，大量的期权合约破产使经济加速下降，最终荷兰政府不得不判决所有合同作废，彻底击破了史上空前的经济泡沫。由于没有合理的期权定价工具，此后的几百年内期权交易被认为是非法的。

2. 早期发展阶段

迄今为止，最早尝试使用理论模型研究期权定价问题的是 1900 年法国数学家 Bachelier（1900）所写的博士学位论文《投机交易理论》，他第一个建立了描述期权价格运动的科学模型，使这篇论文被视为现代金融学的里程碑。Bachelier 基于对证券交易所的资产交易行情的观察，通过数学理论对其进行验证，从而探讨价格波动所遵循的规律。他从观察中获得感性经验，然后提炼出一些假设和条件，建立预测未来趋势的模型，最后利用实证数据对模型进行检验。由于意识到影响股票价格变动的因素太多，包括过去、现在、将来的事件，他的论文研究目标是找到一个表达市场波动似然性的公式。他开创了"均衡模型"的方法，现代期权理论的基础也由此奠定。但是该模型存在重大缺陷，比如股票价格可以为负，期望报酬为零，仅适用于短期期权价格的预测，故该模型不能在实际市场中广泛应用。1923 年，Wiener（1923）对 Bachelier 观察到的布朗运动做了严格的数学描述，即一类具有稳态独立增量性质且增量是正态随机变量的随机过程，因此布朗运动也被称为 Wiener 过程。随后，Ito（1944）在 Wiener 过程的基础上创立了随机分析理论，并提出随机微分方程这一重要的概念。同时期对期权定价模型理论进行研究的代表人物还有 Kruizenga（1964）、Ayres（1963）、Cootner（1968）等，他们的研究使期权价格与期权的预期收益的贴现值相对应，根据巴契列尔的理论基础，该研究方法在理论上是可行的。但基于此方法的期权定价公式不仅取决于未来股价的概率分布，还取决于投资者的风险规避程度，这些数据在实际市场操作中无法预测和估计，其实用性较低。

3. 新兴期权市场的发展阶段

由于期权定价的复杂性和柜台交易的隐秘性，期权定价理论的发展在几十年里停滞不前，直至 1973 年芝加哥大学的两位教授费舍尔·布莱克

(Fisher Black，1973）和迈伦·斯科尔斯（Myron Scholes，1973）发表期刊论文《期权定价与公司负债》，其中的 B－S 模型基本可推算出任何金融工具的理论价格，极大地推动了期权定价理论的进步，因此有了新兴期权市场的发展。之前的期权定价公式涉及一个或多个任意参数，他们认为在理论上存在重大缺陷。在经验估值公式的启发下，他们得出结论：在均衡条件下，对冲投资组合的回报等于无风险资产的回报。B－S 模型是基于市场中没有套利机会的原则而建立的。在此前提下，期权的价值仅取决于当前股票价格、期权时间等已知常数。这样，就可以建立由看涨股票和做空期权组成的套期保值组合，其价值由期权时间和其他已知常数决定。B－S 模型从基本原理上揭示了期权的理论价值。然而，该模型假设标的资产价格服从几何布朗运动，且波动率为常数，与实际环境不一致。布莱克和斯科尔斯还发现，B－S 模型定价公式倾向于方差高的期权得到的价格偏大，方差较低的期权得到的价格偏小。1976 年，布莱克对 B－S 模型进行了一些修改，将其应用于期货合约期权，但假设条件难以与实际情况相匹配。因此，使用模型得到的价格往往偏离实际价格。但由于 B－S 模型具有逻辑推导严密、形式美观和计算公式快捷的特点，在现实金融市场中仍得到了广泛的应用，成为 CBOE 开始交易的理论基础。

B－S 模型中股票价格呈对数正态分布这一假定是否符合实际的金融市场实际，是否被数据验证，是备受质疑的。谢素（2001）指出通过实证研究表明股票价格一般不太可能呈对数型分布。钱立（2015）评论 B－S 模型存在显著的统计偏差问题，但并没有一个更完善的模型可以取而代之。该模型的问世并不代表期权定价领域研究的终点，而是为其后的研究抛砖引玉。许多金融领域的学者在该模型的基础上进行了大量的拓展和完善，比较有代表性的成果有：观察到股票价格时常有跳动的现象，Merton（1973）提出了跳跃－扩散模型，并给出了相应的欧式期权的定价公式；任玉超等（2017）将跳跃－扩散模型与 B－S 模型进行对比，并指出这两种模型均存在被低估的现象；将波动率作为标的股票价格水平的函数，Cox 和 Ross（1976）提出了不变弹性方差（Constant Elosticity Variance，CEV）模型；Hull 和 White（1987）首次提出了随机波动率模型（Stochastic Volatility Model，SV），用布朗运动描述波动率的变化；Brennan 和 Schwartz（1977）使用有界微分方法解决了跳跃过程问题；Longstaff 和 Schwartz（2001）用均值回复平方根过程描述波动率，该方法适用于传统的有限差分方法不能解决的路径依赖期权和多因素动态系统中的期权；Leland（1985）考虑了交易费用问题，提出了一种改进的期权复制策略，该策略依赖于交易成本的大小，可以计算复制期权的交易成本，并为期权价格提供上界；Kwok 等（2001）从数学的角度研究了几种路径依赖期权的定价方法，包括障碍期权、双资产回望期权等；姜礼尚（2008）从偏微分方程的观点和方法对 B – S 模型进行了系统深入的阐述，对期权定价理论作定性和定量分析；刘春红（2007）研究有交易成本及支付红利的期权定价，并证明了税收情形下的 On – One's – Own 期权定价函数的一些性质；陈溟（2011）在经典 B – S 模型的基础上引入了交易费用和连续支付的红利，对期权定价公式进行了进一步研究。

除了标准的欧式期权和美式期权外，为了满足投资者的需求金融市场产生了新型期权，该类期权的定价通常不能得到解析解（郑小迎，2000），只能通过数值计算的方法解决。通常有经济均衡分析法、风险中性定价方法、蒙特卡洛模拟法、偏微分方程法（Partial Differential Equation，PDE）、有限差分法及格点分析法等。刘海龙和吴冲锋（2002）将这些定价方法分别从求解角度、应用角度进行分类，并对比了它们的优点和不足之处。本书所研究的两种期权都属于新型期权，相关文献在对应的章节进行综述。

期权定价模型首先是对标的资产对数收益的价格过程的刻画，其次对于不同的期权，在不同的模型下对应有不同的求解方法。路径依赖型期权是期权中比较特殊的一类，但是从本质上讲，其定价模型与一般的期权定价模型没有太大区别。主要是标的资产的价格过程是一样的。也就是说，理论上，以上提出的期权定价模型都可以用来为路径依赖型期权定价，但是路径依赖型期权的价值依赖于标的资产的价格过程，所以如何在定价模型中把期权的价值求解出来是关键。从实际操作过程来看，并不是所有的期权定价模型都可以用来定价路径依赖型期权，主要是模型过于复杂时，找不到合适的方法把期权的价值从模型中算出来。期权市场发展到现在，不断地趋向于成熟和完善。路径依赖型期权的推出受到了金融投资者的欢迎，其定价研究也成为学术界的研究重点。Amin（1993）、Zhang（1997）对跳跃 – 扩散模型下的美式期权方法进行推导，把 Barone 和 Whaley（1987）提出的几何布朗运动下的计算方法推广跳跃 – 扩散模型。Broadie 和 Detemple（1996）提出了更为精确地计算几何布朗运动下美式期权的方法。对于有限水平的美式期权定价，主要的研究成果有 Car（1998）、Ju（1998）、Mcmillan（1986）、Tilley（1993）、Tsitsiklis（1999）、Sullivan（2000）、Broadiergalsserman（1997）、Carriere（1996）、Rogers（2002），以及 Haugh 和 Kogan（2002）。

众所周知，股票市场是个瞬息万变的战场，数据量十分庞大。对于一个理论或假设，总可以找到一些数据来支持它，同时也可以找到一些与之特征相反的数据，重点是找到适合使用该理论或假设的范围。描述不确定的科学问题有多种体系，概率论、不确定理论、模糊理论等，在金融领域中概率论占统治地位。虽然概率论在许多领域取得了显著的成就，但用它描述金融市场的行为并不完美。本书的工作为解决期权定价问题提供了一个新的视角，即用不确定微分方程来反映金融市场的行为特征，用不确定微分方程的系数、初始条件来反映金融产品价格的不稳定性。

二、不确定理论的研究现状

四百年前，欧洲的贵族之间盛行掷骰子这一赌博方式，为科学地解释其中的规律，数学家惠更斯经过多年的潜心研究，专著《论掷骰子游戏中的计算》，该书被认为是概率论的起源。此后，概率论被成功应用在交通、工业、体育、金融、人工智能等领域中。但是使用它来处理随机现象有一个先决条件：必须有充足的样本数据以获得概率分布函数。由于经济或技术上的限制，非预期事件的发生通常无法获得足够的样本数据，此时依靠该领域的专家估计事件发生的几率，从而给出事件的可信度。诺贝尔奖得主 Kahneman 和 Tversky（1979）提出，事件的可信度往往被人们夸大，使专家给出的信度通常大于实际的频率。在这种情况下，如果用概率论这一数学工具来处理专家信度，就有可能导致错误的决策。

为了理性地处理专家给出的信度，Liu（2007）创立了不确定理论，引起了很多学者的关注和探讨，此后的研究在基础理论和实际应用中均取得了丰硕的成果。简言之，不确定理论是基于四条公理（规范性、对偶性、次可加性和乘积公理）的一个数学分支。一方面，不确定测度（高欣，2009；Peng，Iwamura，2012；戴伟，2010；彭子雄，2012；Liu，Ha，2010）和不确定变量（Chen，Dai，2011；Chen，Kar，2012；Dai，Chen，2012；Dai，2017；You，2009）这两大基础概念被逐渐完善，并延伸到不确定过程（Liu，2008；Gao，2011；陈孝伟，2011；Yao，Li，2012；Yao，2012）、不确定统计（Liu，2013；Wang，Tang，Zhao，2013；Wang，Gao，Guo，2012）、不确定集理（Liu，2010，2012）、不确定微分方程（Chen，Liu，2010；Liu，Fei，Liang，2010；Gao，2012a，2012b；Yao，Gao J，Gao Y，2013）等理论领域。另一方面，不确定规划（Liu，2009；Gao，2011，2012；Peng，Zhang，2012a，2012b；Liu，Ning，Yu，2013）开始被研究，随后不确定金融（Chen，2011；Peng，Yao，2011；Yao，2012）、不确定最优控制（Zhu，2010；Deng，Zhu，2012）、不确定逻辑（Li，Liu，2009；Liu，2009，2011；Chen，Ralescu，2011）、不确定推理（Gao X，Gao Y，2010；Gao，2012）等应用领域的研究被推广。

为了科学地描述和处理随时间变化的不确定现象，Liu 在 2008 年给出了不确定过程的定义，随后他设计了一类 Lipschitz 连续且具有稳态独立的增量的过程——Liu 过程，并建立了不确定积分理论。同年，Liu 提出了不确定微分方程的概念，它是由 Liu 过程驱动的，与 Ito 提出的随机微分方程分别描述不同的实践现象。不确定微分方程描述的是随时间变化的不确定现象的变化规律；随机微分方程描述的是随时间变化的随机现象的变化规律。

关于不确定微分方程求解的研究，受到了大量学者的关注。Chen 和 Liu（2010）证明了不确定微分方程在 Lipschitz 和线性增长条件下解的存在唯一性定理。Gao（2012）弱化了解存在唯一性的条件，证明了局部 Lipschitz 连续条件下解的存在唯一性定理。Chen 和 Liu（2010）通过求解得到了线性不确定微分方程的解析解。Liu（2012）和 Yao（2013）分别求解了两种特殊类型的不确定微分方程，开拓了解析法这一条途径。

然而，对一般的不确定微分方程，很难得到它们的解析解。Yao - Chen 公式（Yao，Chen，2013）的诞生解决了这一困难，该公式给出了一种关联的方法，可使用一组对应常微分方程的解表示不确定微分方程的解。随后，学者得到了求不确定微分方程的数值解的方法，如 Euler 法、Runge - Kutta 法（Yang，Shen，2015）、Adams 法（Yang，Ralescu，2015）、Adams - Simpson 法（Wang，Ning，Moughal，2015）和 Milne 法（Gao，2016）。目前，不确定微分方程理论已被应用到金融（Chen，Gao，2013；Liu，Chen，Ralescu，2015）、最优控制（Zhu，2010）和微分博弈（Yang，Gao，2013；杨向峰，2014；Yang，Gao，2016）等多个领域中。

Liu 于 2009 年将不确定微分方程应用到金融领域，提出了不确定股票模型（具体见式（1 - 1）），并给出了相应的欧式期权的定价公式。随后，Chen（2011）研究了不确定股票模型下的美式期权定价问题。Zhang 和 Liu（2014）讨论了相应的几何平均亚式期权定价问题。Sun 和 Chen（2015）研究了相应的算数平均亚式期权的定价问题。Yao（2015）给出了不确定股票模型下的无套利定理证明，完善了不确定金融领域的理论基础。张志强（2016）研究了不确定股票模型下的股票抵押贷款、利率上限期权、利率下限期权、回望期权、可转换债券的定价问题。通过较长时间的观测，他发现某些类型的股票价格通常围绕平均值上下波动。2012年Peng和Yao（2012）提出了不确定均值回复股票模型，给出了相应的欧式期权与美式期权的定价公式。随后，Yao（2012）给出了相应的无套利定理。此外，还有一些学者研究了其他的不确定股票模型，如Yu（2012）、Chen（2013）、Yao（2015）和Liu（2015）等，其本质是对不确定股票模型中的参数在不确定的数学框架内进行讨论。基于不确定股票模型推导得出期权的定价，其原理是期权的发行方和期权持有者拥有相同的期望贴现收益率，即公平价格原则。

基于上述列举的多个不确定股票模型，学者研究了对应的多种金融期权定价，其中障碍期权的定价公式一直是研究热点。Yao（2021）研究了不确定股票模型下的欧式障碍期权的定价公式；Gao（2020）基于不确定理论研究了美式障碍期权的定价公式；Yang（2019）探究了算术平均亚式障碍期权的定价公式；Gao（2020）研究了不确定股票模型下的几何平均亚式障碍期权；Jia（2020）研究了浮动利率模型下的敲入障碍期权定价公式；Tian（2019）推导了均值回望模型下的障碍期权定价公式。

三、不确定微分方程稳定性的研究现状

不确定微分方程稳定性的概念首次被Liu（2015）提出，Yao等给出了关于不确定微分方程依测度稳定性的定理。随后，不确定微分方程的多种稳定性被研究，如依均值稳定（Yao，Ke，2015）、p-阶矩稳定（Sheng，Wang，2014）、几乎处处稳定（Liu，Ke，Fei，2014）、指数稳定性（Sheng，Gao，2016）、依逆分布稳定（Yang，Ni，Zhang，2017）、p-阶矩指数稳定（Chen，Ning，2017）。

此外，Yao（2015）给出了带跳不确定微分方程的定义，即由更新过程驱动的不确定微分方程。Yao 探讨了带跳不确定微分方程的解析解、解的存在唯一性以及依测度稳定性等，随后 Ji 和 Ke（2016）研究了带跳的不确定微分方程几乎处处稳定的条件，Gao（2016）研究了带跳不确定微分方程依均值稳定的条件，Ma 和 Liu（2017）研究了其 p－阶矩稳定性的条件。关于高阶不确定微分方程，Sheng（2017）研究了它的依测度稳定性和稳定性。关于带延迟的不确定微分方程，Wang 和 Ning（2017）研究了它的 p－阶矩稳定性、依测度稳定性、依均值稳定性。关于回望不确定微分方程，Wang 和 Ning（2017）研究了它几乎处处稳定和 p－阶矩指数稳定性的条件。微分方程的稳定性一直是研究热点之一，相关的研究成果还有很多，此处不再赘述。

综上所述，现有文献涉及期权定价问题研究多数以 B－S 模型为基础展开，本书以不确定微分方程驱动的不确定股票模型为基础，从一个新的角度对期权定价问题进行研究，以丰富金融市场的理论基础。

第五节　研究方法和内容

一、研究方法

从管理科学决策的角度出发，运用不确定理论的相关方法，在对国内外研究现状进行系统梳理后，本书着重探讨期权定价问题，并通过数值仿真实验验证了结论。主要研究方法如下：

1. 不确定理论

不确定理论是在历史样本数据不足以生成分布函数的情况下最适用的

研究方法，本书基于不确定微分方程相关理论研究应用于期权产品的选择和期权定价问题研究，通过模型的建立、求解和分析对不确定理论本身进行丰富和发展。

2. 多学科交叉

本书涉及多个学科的知识，在广泛收集资料、文献阅读和研究的基础上，参考期权定价领域的前沿研究成果，综合采用不确定理论、概率论、决策理论、系统分析、金融工程、管理科学等理论及方法的多学科交叉的方法，建立相关理论框架并解决期权定价及期权产品选择决策问题，充分发挥学科交叉的优势，在系统的视角下展开研究工作。

3. 定量研究与逻辑推理

本书采用严格的定量分析和理论推导的方法，对影响期权价格的因素和市场规律进行汇总，研究思路如图 1-6 所示。关于金融工程中涉及的期权定价和期权产品选择决策问题的模型构建、求解及敏感度分析等都进行严格的数学推导及证明，并通过数值仿真实验验证了建立的理论模型。

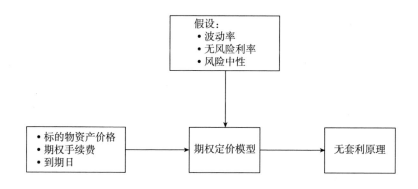

图 1-6　期权定价问题研究思路

4. 文献分析

系统梳理与期权定价理论相关的国内外文献，指出现有研究存在的不足，从而确定本书的研究目标与思路，并展开研究。

5. 数值仿真

利用不确定理论的运算性质及规则，通过不确定微分方程对股票价格进行描述，从而得到相应的期权定价公式，使用 MATLAB 软件对数值算例进行计算。此外，通过图像显示的方法对参数的敏感性进行了演示和分析，对模型得到的结论进行验证，从而直观地显示出参数的变化规律。

6. 基于快速均值回归随机波动率模型的期权定价

基于快速均值回归波动率模型，研究双限期权、任选期权、亚式期权和回望期权的定价模型。利用双限期权投资者做空看涨期权所获得的收益可以部分甚至全部地用于补偿做多看跌期权所支付的期权金，因此投资者能够锁定他们所持有的资产收益。亚式期权的到期收益与合同期内标的资产的平均价格有关，这种特点使得亚式期权能够有效防止人为操纵到期日的资产价格从而获利，同时亚式期权的价格比传统期权更便宜，可以用于对冲指定时期内的风险。与传统期权相比，任选期权的持有者具有更大的选择权，任选期权的期权费较高，但能够有效地降低投资者的成本与防范风险。回望期权的持有人能够在合同有效期内，选择标的资产的最高或最低价格作为期权的行权价。回望期权能够为持有人带来最大的潜在收益，所以相比于传统期权和亚式期权，回望期权的价格比较昂贵。本书假设标的资产波动率是快速均值回归扩散过程的函数，并研究如何从随机波动率模型的偏微分方程得到关于双限期权、任选期权、亚式期权和回望期权的定价方程的近似展开式解。

二、研究内容和结构

基于不确定理论以及期权定价问题现有的研究现状，本书遵循管理科学与工程学科的研究思路，以期权产品购买决策问题和期权的定价问题为研究对象，以不确定微分方程理论与方法为基础理论工具，从理论研究和实际应用模型两个方面展开研究。概括来说，本书的研究内容主要包括：基于不确定微分方程稳定性理论的期权产品决策研究；基于不确定微分方程的期权定价模型与方法研究。主要内容如下：

（1）针对期权产品决策的研究焦点在不确定微分方程稳定性理论上，在第二章和第三章中进行以下三个方面的研究：一是提出了多维度不确定微分方程 p - 阶矩稳定性的概念，多因素不确定微分方程 p - 阶矩稳定性和指数稳定性的概念。二是推导出多维度不确定微分方程 p - 阶矩稳定性的充分条件及线性多维度不确定微分方程 p - 阶矩稳定性的充要条件，多因素不确定微分方程 p - 阶矩稳定性的充分条件，线性多因素不确定微分方程 p - 阶矩稳定性的充要条件和线性多因素不确定微分方程指数稳定性的充分条件，从而为科学的描述期权产品的风险类型提供理论基础。三是系统地探讨并证明了多维度不确定微分方程 p - 阶矩稳定性和依测度稳定性之间的关系，多因素不确定微分方程 p - 阶矩稳定性、指数稳定性、依均值稳定性和依测度稳定性之间的关系。

（2）基于不确定微分方程的期权定价模型与方法研究主要是第四章和第五章，分别对新型期权中的幂期权和货币回望期权在不同的模型中进行求解，包括以下三个方面的内容：一是针对幂期权的高度灵活性和杠杆性的特点，基于股票价格服从不确定指数 Ornstein - Uhlenbeck 模型的前提，分别求出相应的看涨幂期权和看跌幂期权的定价公式。在假定货币价格服从不确定均值回复汇率模型的情况下，分别求出看涨货币回望期权和看跌货币回望期权的定价公式。二是设计算法和程序，分别对看涨幂期权、看跌幂期权、看涨货币回望期权、看跌货币回望期权的数值算例进行仿真模拟。三是对影响期权价格的一些参数进行敏感性分析，如初始价格、执行价格、波动率、无风险利率等，用图像的方式直观地展示出来。

本书共分为七个章节，主要结构如下：

第一章介绍了期权定价问题的背景和研究意义、目前国内外相关文献的简评以及研究过程中必需的研究理论基础。

第二章主要研究多维度不确定股票模型的 p – 阶矩稳定性。首先，提出多维度不确定微分方程的 p – 阶矩稳定性这一概念，分别推导出多维度不确定微分方程的 p – 阶矩稳定性的充分条件和线性多维度不确定微分方程的 p – 阶矩稳定性的充分必要条件。其次，分析了多维度不确定微分方程两种稳定性之间的关系，即 p – 阶矩稳定性和依测度稳定性。最后，通过金融数值算例的形式进一步说明该章内容的有效性。

第三章主要针对多因素不确定股票模型的稳定性展开研究，包括多因素不确定股票模型的 p – 阶矩稳定性和指数稳定性。首先，提出多因素不确定微分方程的 p – 阶矩稳定性和指数稳定性的概念，并分别推导出多因素不确定微分方程的 p – 阶矩稳定性的充分条件，线性多因素不确定微分方程的 p – 阶矩稳定性的充要条件和线性多因素不确定微分方程的指数稳定性的充分条件。其次，分析了针对多因素不确定微分方程、p – 阶矩稳定性、指数稳定性、依测度稳定性、依均值稳定性之间的关系。最后，通过金融数值算例的形式验证了该章内容的有效性。

第四章研究不确定指数 Ornstein – Uhlenbeck 模型（以下简称 O – U 模型）下幂期权的定价问题。首先，给出了幂期权的相关介绍和研究现状。其次，在股票价格服从不确定指数 Ornstein – Uhlenbeck 模型这一假设基础上，分别求出相应的看涨幂期权和看跌幂期权的定价公式，并设计期权定价的算法。最后，对影响幂期权价格的一些参数做敏感性分析。

第五章研究不确定均值回复汇率模型下货币回望期权的定价问题。首先，给出了回望期权的相关介绍和研究现状。其次，在货币价格服从不确定均值回复汇率模型这一假设基础上，分别求出相应的看涨货币回望期权和看跌货币回望期权的定价公式，并设计期权定价的算法。最后，对影响货币回望期权价格的一些参数进行敏感性分析。

第六章研究不确定环境下的金融风险溢出及预警。首先，以东航衍生产品亏损案例揭露了对衍生产品的操作不规范将对公司产生不可挽救的灾难，具体分析金融风险产生的原因。其次，对金融风险管理的概念、种类、理解进行详细的论述，引入金融衍生产品的风险控制作用，并对期权投资的风险控制制度做简略梳理。最后，为不确定环境下投资者的行为和金融风险建立科学的联系，并提出不确定环境下期权风险管理的应对策略。

第七章对本书的主要贡献和不足进行总结，并在此基础上对未来的研究方向进行了展望。

本书结构如图 1-7 所示。

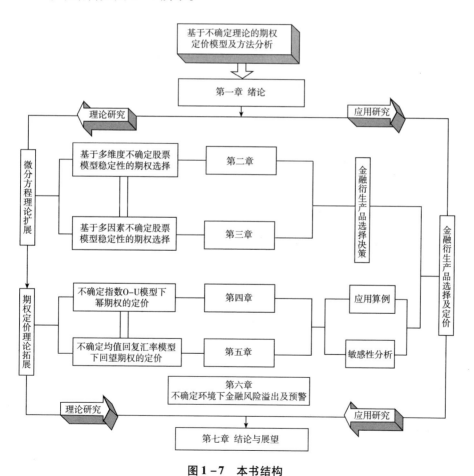

图 1-7 本书结构

第六节　相关理论基础

一、Black – Scholes 股票模型

基于金融市场的以下假设：股票价格遵循维纳过程（几何布朗运动）的运动轨迹，μ 和 σ 视为常数；允许卖空证券，所得全部收入均可被使用；在期权期限内，股票不支付红利；无须缴纳交易费用和相关税收；证券交易是连续的；不存在无风险套利机会；短期无风险利率 r 对所有期限都是相同的，且为常数。

这一对冲证券组合的报酬不产生变化。Black – Scholes 模型对期权定价理论的一大贡献在于，它为投资者提供了一种能够精确计算期权价值的方法，为华尔街金融革命提供了可能。

考虑到实际情形中股票价格存在的跳跃现象，1976 年，Merton 对 Black – Scholes 模型做了修订，提出跳跃 – 扩散模型，同时给出了相应的期权定价公式，他假设股票价格服从跳跃 – 扩散，这是期权定价理论领域的一大突破。因此，Black – Scholes 期权定价公式也被称作 Black – Scholes – Merton 期权定价公式。

二、不确定金融模型

针对任何股票的衍生产品，Black – Scholes 模型提出了一个可供投资者套用的定价公式。但该模型并不是完美的，它的推导、证明及运用受到

各种条件的限制，过于严格的假设使它不便使用，存在一定的缺陷。

作为一种新的选择，2009 年，Liu 提出了依靠不确定微分方程驱动的不确定股票模型：

$$\begin{cases} dX_t = \mu X_t dt + \sigma X_t dC_t \\ dY_t = rY_t dt \end{cases} \quad\quad (1-1)$$

其中，X_t 表示股票价格，Y_t 表示债券价格，r 是无风险利率，μ 是平均收益率，σ 是波动率，C_t 是典范 Liu 过程。

基于某段时间内股票价格往往围绕某个均值上下波动的观测，Peng 和 Yao（2011）提出了不确定均值回复股票模型：

$$\begin{cases} dX_t = (m - aX_t)dt + \sigma X_t dC_t \\ dY_t = rY_t dt \end{cases}$$

其中，X_t 表示股票价格，Y_t 表示债券价格，C_t 是典范 Liu 过程，r 是无风险利率，m、a、σ 为常数。该股票模型更准确地描述了较长时间内股票价格较稳定的特征，可应用于风险厌恶型投资者喜爱的股票。Peng 和 Yao（2011）给出了该模型对应的欧式期权和美式期权的定价公式，Yao（2015）证明了该模型下的无套利定理。

考虑到实际情况中波动率不会一直是常数，Li 和 Peng（2014）提出了不确定波动率股票模型：

$$\begin{cases} dX_t = \mu X_t dt + \sigma_t X_t dC_t \\ dY_t = rY_t dt \end{cases}$$

其中，σ_t 满足不确定微分方程：

$$d\sigma_t = -\delta(\sigma_t - \theta)dt + pd\widetilde{C}_t$$

其中，$\widetilde{C}_t$ 是与 C_t 相互独立的典范 Liu 过程，δ、θ 和 p 分别是大于零的常数。

2017 年，Dai、Fu 和 Huang 据随机指数 Ornstein - Uhlenbeck 模型设计了不确定指数 Ornstein - Uhlenbeck 股票模型：

$$\begin{cases} dX_t = \mu(1 - c\ln X_t)X_t dt + \sigma_t X_t dC_t \\ dY_t = rY_t dt \end{cases}$$

其中，X_t 表示股票价格，Y_t 表示债券价格，r 是无风险利率，C、μ 是常数，C_t 是典范 Liu 过程。

2015 年，Liu、Chen 和 Ralescu 建立了一个由不确定微分方程描述汇率变化的不确定汇率模型：

$$\begin{cases} dX_t = \mu X_t dt \\ dY_t = \nu Y_t dt \\ dZ_t = \theta Z_t dt + \sigma Z_t dC_t \end{cases}$$

其中，X_t 是本国货币，其无风险利率为 μ；Y_t 是外国货币，其所在国家的无风险利率为 ν；Z_t 是汇率——1 个单位的外国货币在时刻 t 可兑换的本国货币的数量。

三、不确定过程

随着经济全球化快速推进、自然环境恶化以及气候变暖等多种因素的联合作用，各种突发事件频繁出现，比如金融危机、极端天气气候、地震、战争、洪涝灾害等。这种情况下没有足够的经验做出决策，因为样本数据不足以得到分布函数，只能依靠领域专家估计各类事件发生的信度。为理性处理个人信度，Liu（2007）提出了不确定理论，并于 2010 年将其进一步凝练为一个完备的数学系统，其基础是规范性公理、对偶性公理、次可加公理和乘积测度公理四个公理。随后，很多学者也开展了广泛研究，并将其应用到不确定规划、不确定控制、不确定金融等相关领域。这里简单介绍后文中所必需的基本概念及性质。

不确定理论中基础的三个概念是不确定测度、不确定变量和不确定分布。基于这三个概念，通过证明和推导，形成不确定理论的框架。

1. 不确定测度

不确定测度的作用是衡量事件发生的几率。

定义1.1　设 Γ 是一个非空集合，L 是关于 Γ 的 σ – 代数。对每个事件 $\Lambda \in L$，如果集函数 $M: L \to [0, 1]$ 满足以下三条公理，则称 M 为 Γ 上的不确定测度，三元组（Γ，L，M）为一个不确定空间。

公理1（规范性）对于全集 Γ，有 $M\{\Gamma\} = 1$。

公理2（对偶性）对任意事件 Λ，都有 $M\{\Lambda\} + M\{\Lambda^c\} = 1$。

公理3（次可数可加性）对于任意的可数事件列 Λ_1，Λ_2，$\cdots$，有

$$M\left\{ \bigcup_{i=1}^{\infty} \Lambda_i \right\} \leqslant \sum_{i=1}^{\infty} M\{\Lambda_i\} 。$$

设（Γ_k，L_k，M_k）是不确定空间，$k = 1$，2，$\cdots$，n。记

$\Gamma = \Gamma_1 \times \Gamma_2 \times \cdots$，$L = L_1 \times L_2 \times \cdots$

公理4（乘积公理）设（Γ_k，L_k，M_k）是一列不确定空间，$k = 1$，2，$\cdots$。如果在 L 上不确定测度 M 满足对于任何 $\Lambda_k \subseteq L_k, k = 1$，2，$\cdots$有

$$M\left\{ \prod_{k=1}^{\infty} \Lambda_k \right\} = \bigwedge_{k=1}^{\infty} M_k\{\Lambda_k\} 。$$

其中，

$$\Lambda = \prod_{i=1}^{n} \Lambda_k \in L ,$$

则称 M 为乘积不确定测度，且（Γ，L，M）为乘积不确定空间。

2. 不确定变量

不确定变量的作用是描述不确定现象，是一个从不确定空间映射到实数集的可测函数。

定义1.2　不确定变量 ξ 是一个可测函数，从不确定空间（Γ，L，M）到实数集 R，使得对任意 Borel 集 B，集合

$$\xi \in B = \gamma \in \Gamma \mid \xi(\gamma) \in B$$

是一个事件。

3. 不确定分布

定义 1.3　不确定变量 ξ 的不确定分布定义如下：

$$\Phi(x) = M\{\xi \le x\}。$$

定理 1.1　函数 $\Phi(x)$：$R \to [0, 1]$ 是一个不确定分布当且仅当它是除 $\Phi(x) \equiv 0$ 和 $\Phi(x) \equiv 1$ 之外的增函数（Peng, Iwamura, 2012）。

定义 1.4　不确定变量 ξ 的不确定分布 $\Phi(x)$ 是正则的，若它的反函数 $\Phi^{-1}(x)$ 对 $\alpha \in (0, 1)$ 是存在且唯一的，则称 $\Phi^{-1}(x)$ 为不确定变量 ξ 的逆不确定分布。

例 1.1　若一个不确定变量 ξ 服从不确定分布

$$\Phi(x) = \left(1 + \exp\left(\frac{\pi(e - x)}{\sqrt{3}\sigma}\right)\right) - 1,$$

则 ξ 是正态的不确定变量，记作 $N(e, \sigma)$，其中 e 和 σ 是正实数，它的逆不确定分布是

$$\Phi^{-1}(\alpha) = e + \frac{\sigma\sqrt{3}}{\pi}\ln\frac{\alpha}{1 - \alpha}。$$

定义 1.5　对任意的 Borel 集 B_1, B_2, …, B_n, 不确定变量 ξ_1, ξ_2, …, ξ_n 相互独立当且仅当

$$M\left\{\bigcap_{i=1}^{n}(\xi_i \in B_i)\right\} = \bigwedge_{i=1}^{n} M\{\xi_i \in B_i\}。$$

定理 1.2　设 ξ_1, ξ_2, …, ξ_n 是相互独立的正则不确定变量，其逆不确定分布分别是 Φ_1^{-1}, Φ_2^{-1}, …, Φ_n^{-1}。若函数 $f(x_1, x_2, …, x_n)$ 对 x_1, x_2, …, x_m 是严格递增的，对 x_{m+1}, x_{m+2}, …, x_n 是严格递减的，那么不确定变量

$$\xi = f(\xi_1, …, \xi_m, \xi_{m+1}, …, \xi_n)$$

有逆不确定分布

$$\Psi^{-1}(\alpha) = f(\Phi_1^{-1}(\alpha), …, \Phi_m^{-1}(\alpha), \Phi_{m+1}^{-1}(1-\alpha), …, \Phi_n^{-1}(1-\alpha))。$$

定义 1.6　不确定变量 ξ 的期望值定义如下：

$$E[\xi] = \int_0^{+\infty} M\{\xi \ge x\} dx - \int_{-\infty}^0 M\{\xi \le x\} dx。$$

其中，这两个积分中至少有一个是有限的。

若不确定变量 ξ 的期望值存在，且有不确定分布 Φ，可证明期望值可以下列形式表示：

$$E[\xi] = \int_0^{+\infty} (1 - \Phi(x)) dx - \int_{-\infty}^0 \Phi(x) dx。$$

若不确定变量 ξ 的期望值存在，且有逆不确定分布 Φ^{-1}，可证明期望值可以下列形式表示：

$$E[\xi] = \int_0^1 \Phi^{-1}(\alpha) d\alpha。$$

4. 不确定分析

为了处理具有不确定性的动态系统，研究不确定现象中的演化过程，Liu（2008）提出了不确定过程的概念，即随时间变化的不确定变量生成的函数，它是研究不确定金融的基础。

定义 1.7 设 T 是一个全序集，（Γ，L，M）是一个不确定空间。不确定过程 X_t 是一个从 T×（Γ，L，M）映射到实数集 R 的函数，它使得对任意的 Borel 集 B，$X_t \in B$ 在任意的时刻 t 都是一个事件。

定义 1.8 如果 $X_t(\gamma)$ 是一个不确定过程，那么对于每一个 $\gamma \in \Gamma$，函数 $X_t(\gamma)$ 称作 X_t 的一条样本轨道。

定义 1.9 若几乎所有的样本轨道都是 t 的连续函数，则不确定过程 X_t 被称作是样本连续的。

定义 1.10 若在任意时刻 t，不确定变量 X_t 具有不确定分布 $\Phi_t(x)$，则不确定过程 X_t 被称作具有不确定分布 $\Phi_t(x)$。

定义 1.11 一个不确定过程 X_t 被称作是有独立增量过程，若

$$X_{t_1}, X_{t_2} - X_{t_1}, X_{t_3} - X_{t_2}, \cdots, X_{t_k} - X_{t_{k-1}}$$

是相互独立的不确定变量，这里 t_1, t_2, $\cdots$, t_k 是任意时刻且 $t_1 < t_2 < \cdots < t_k$。若对任给的 $t > 0$，增量 $X_{s+t} - X_s$ 具有相同的不确定分布，则称不确定过程 X_t 是稳态增量过程。

2009 年，Liu 研究了一种增量是正态不确定变量的稳态独立增量过程。考虑到它的重要性和有效性，学术委员会将其命名为 Liu 过程。它与 Wiener 过程相似，具体定义如下：

定义 1. 12　一个不确定过程 C_t 被称为 Liu 过程，若满足以下三点：

（1）$C_0 = 0$，并且 C_t 对几乎所有的样本轨道都是 Lipschitz 连续的。

（2）C_t 是一个稳态独立增量过程。

（3）任意增量 $C_{s+t} - C_s$ 是一个期望为 0 方差为 t^2 的正态不确定变量，其分布是

$$\Phi(x) = \left(1 + \exp\left(\frac{\pi x}{\sqrt{3}t}\right)\right)^{-1}, x \in \mathrm{R}。$$

正态不确定变量 ξ 的期望是 $E[\xi] = e$，对数正态不确定变量 $\exp(\xi)$ 的期望值是

$$E[\exp(\xi)] = \begin{cases} \sqrt{3}\sigma\exp(e)\csc(\sqrt{3}\sigma), & \mathrm{if}\,\sigma \leq \pi / \sqrt{3}。 \\ +\infty, & \mathrm{otherwise} \end{cases} \qquad (1-2)$$

定理 1. 3　设 C_t 是一个 Liu 过程，那么对任意时刻 $t > 0$，比率 C_t/t 是一个正态不确定变量，其期望和方差分别是 0 和 1。对任意的时刻 $t > 0$，有

$$\frac{C_t}{t} \sim N(0, 1)。$$

定义 1. 13　令 X_t 是一个不确定过程，C_t 是一个 Liu 过程。对区间 $[a, b]$ 上的任意切割 $a = t_1 < t_2 < \cdots < t_{k+1} = b$，记

$$\triangle = \max_{1 \leq i \leq k} |t_{i+1} - t_i|。$$

则 X_t 对应 C_t 的 Liu 积分为

$$\int_a^b X_t dC_t = \lim_{\triangle \to 0} \sum_{i=1}^k X_{t_i} \cdot (C_{t_{i+1}} - C_{t_i}),$$

其中上述极限几乎处处存在且有限，此时称不确定过程 X_t 关于 Liu 过程 C_t 是可积的。

定理 1.4 设 $f(t)$ 是一个关于时间 t 的可积函数，那么不确定积分

$$\int_0^s f(t)\,dC_t$$

是一个正态不确定变量

$$N\left(0, \int_0^s |f(t)|\,dC_t\right)。$$

定理 1.5 如果 X_t 是区间 $[a, b]$ 上是可积的不确定过程，那么对样本轨道 $C_t(\gamma)$ 有一个 Lipschitz 常数 $Q(\gamma)$，即

$$\left|\int_a^b X_t(\gamma)\,dC_t(\gamma)\right| \leq Q(\gamma)\int_a^b |X_t|(\gamma)\,dt。$$

定义 1.14 设 C_t 是一个 Liu 过程，Z_t 是一个不确定过程。若存在两个不确定过程 μ_t 和 σ_t，使得对任意的 $t>0$ 有

$$Z_t = Z_0 + \int_0^t \mu_s\,ds + \int_0^t \sigma_s\,dC_s,$$

则称 Z_t 是一个一般 Liu 过程，μ_t 是漂移项，σ_t 是扩散项。进一步，Z_t 有不确定微分

$$dZ_t = \mu_t dt + \sigma_t dC_t。$$

定理 1.6 设 $h(t, c)$ 是一个连续可微的函数。那么 $Z_t = h(t, C_t)$ 是一个一般 Liu 过程，且其不确定微分是

$$dZ_t = \frac{\partial h}{\partial t}(t, C_t)\,dt + \frac{\partial h}{\partial t}(t, C_t)\,dC_t。$$

四、不确定微分方程

不确定微分方程的概念由 Liu 于 2008 年首次提出，随后被许多学者研究。在理论和实践层面均取得了较为丰硕的研究成果。

定义 1.15 设 C_t 是一个典范 Liu 过程，f 和 g 是两个可测函数，称

$$dX_t = f(t, X_t)\,dt + g(t, X_t)\,dC_t \tag{1-3}$$

是一个不确定微分方程，它的解是在时刻 t 满足式（1–3）的 Liu 过程。

注：不确定微分方程（1–3）等价于不确定积分方程

$$X_s = X_0 + \int_0^s f(t, X_t) dt + \int_0^s g(t, X_t) dC_t \text{。}$$

定理 1.7 令 μ_t 和 ν_t 是两个可积的不确定过程，那么不确定微分方程

$$dX_t = \mu_t dt + \nu_t dC_t$$

有解

$$X_t = X_0 + \int_0^t \mu_s ds + \int_0^t \nu_s dC_s \text{。}$$

定理 1.8 令 μ_t 和 ν_t 是两个可积的不确定过程，那么不确定微分方程

$$dX_t = \mu_t X_t dt + \nu_t X_t dC_t$$

有解

$$X_t = X_0 \exp\left(\int_0^t \mu_s ds + \int_0^t \nu_s dC_s \right) \text{。}$$

定义 1.16 令 α 是 0 和 1 之间的一个实数（$0 < \alpha < 1$），一个不确定微分方程

$$dX_t = f(t, X_t) dt + g(t, X_t) dC_t$$

被称作具有一条 α 轨道 X_t^α，[①] 若 X_t^α 是相应的常微分方程

$$dX_t^\alpha = f(t, X_t^\alpha) dt + | g(t, X_t^\alpha) \Phi^{-1}(\alpha) | d_t$$

的解，其中 $\Phi^{-1}(\alpha)$ 是标准正态逆不确定分布，即

$$\Phi^{-1}(\alpha) = \frac{\sqrt{3}}{\pi} \ln \frac{\alpha}{1 - \alpha} \text{。}$$

定理 1.9 令 X_t 和 X_t^α 分别是不确定微分方程

$$dX_t = f(t, X_t) dt + g(t, X_t) dC_t$$

的解和 α 轨道，则有

---

① 每条 α 轨道 X_t^α 都是时间 t 的实值函数，但并不必是样本轨道中的。此外，几乎所有的 α 轨道都是相对于时间 t 的连续函数。

$$M\{X_t \leqslant X_t^\alpha, \forall t\} = \alpha,$$

$$M\{X_t > X_t^\alpha, \forall t\} = 1 - \alpha_\circ$$

定理 1.10 令 X_t 和 X_t^α 分别是不确定微分方程

$$dX_t = f(t, X_t)dt + g(t, X_t)dC_t$$

的解和 α 轨道，那么方程的解 X_t 有逆不确定分布

$$\Psi_t^{-1}(\alpha) = X_t^\alpha_\circ$$

定理 1.11 令 X_t 和 X_t^α 分别是不确定微分方程

$$dX_t = f(t, X_t)dt + g(t, X_t)dC_t$$

的解和 α 轨道，那么对于任何一个单调函数 J，有

$$E[J(X_t)] = \int_0^1 J(X_t^\alpha)d\alpha_\circ$$

定理 1.12 令 X_t 和 X_t^α 分别是不确定微分方程

$$dX_t = f(t, X_t)dt + g(t, X_t)dC_t$$

的解和 α 轨道，那么对于任意的 $s > 0$ 和严格单调递增函数 $J(x)$，其上确界

$$\sup_{0 \leqslant t \leqslant s} J(X_t)$$

有逆不确定分布

$$\Psi_s^{-1}(\alpha) = \sup_{0 \leqslant t \leqslant s} J(X_t^\alpha),$$

其下确界

$$\inf_{0 \leqslant t \leqslant s} J(X_t)$$

有逆不确定分布

$$\Psi_s^{-1}(\alpha) = \inf_{0 \leqslant t \leqslant s} J(X_t^\alpha)_\circ$$

定理 1.13 令 X_t 和 X_t^α 分别是不确定微分方程

$$dX_t = f(t, X_t)dt + g(t, X_t)dC_t$$

的解和 α 轨道，那么对于任意的 $s > 0$ 和严格单调递减函数 $J(x)$，其上确界

$$\sup_{0 \le t \le s} J(X_t)$$

有逆不确定分布

$$\Psi_s^{-1}(\alpha) = \sup_{0 \le t \le s} J(X_t^{1-\alpha}),$$

其下确界

$$\inf_{0 \le t \le s} J(X_t)$$

有逆不确定分布

$$\Psi_s^{-1}(\alpha) = \inf_{0 \le t \le s} J(X_t^{1-\alpha})。$$

定理 1.14 令 X_t 和 X_t^α 分别是不确定微分方程

$$dX_t = f(t, X_t)dt + g(t, X_t)dC_t$$

的解和 α 轨道，那么对于任意的 $s > 0$ 和严格单调递减函数 $J(x)$，时间积分

$$\int_0^s J(X_t)dt$$

有逆不确定分布

$$\Psi_s^{-1}(\alpha) = \int_0^s J(X_t^{1-\alpha})dt。$$

定理 1.15 设 C_t 是一个 Liu 过程，那么存在不确定变量 K，使得对任意的 γ，$K(\gamma)$ 是样本路径 $C_t(\gamma)$ 的 Lipschitz 常数，满足

$$\lim_{x \to +\infty} M\{\gamma \in \Gamma | K(\gamma) \le x\} = 1$$

且

$$M\{\gamma \in \Gamma | K(\gamma) \le x\} \ge 2\left(1 + \exp\left(\frac{-\pi y}{\sqrt{3}}\right)\right)^{-1} - 1。$$

定义 1.17 设 C_{1t}，C_{2t}，$\cdots$，C_{nt} 是独立的 Liu 过程，f，g_1，g_2，$\cdots$，g_n 是一些给定的函数。则称

$$dX_t = f(t, X_t)dt + \sum_{i=1}^n g_i(t, X_t)dC_{it} \tag{1-4}$$

为由驱动的 C_{1t}，C_{2t}，$\cdots$，C_{nt} 多因素不确定微分方程。它的解是在任意时刻 t 满足该方程的不确定过程 X_t。

定义 1.18 设 X_t 和 Y_t 分别是多因素不确定微分方程（1-4）满足初始条件 X_0 和 Y_0 的解，若对任意的实数 $\varepsilon > 0$，

$$\lim_{|X_0 - Y_0| \to 0} M\left\{ \sup_{t \geq 0} |X_t - Y_t| \geq \varepsilon \right\} = 0$$

成立，则称多因素不确定微分方程（1-4）依测度稳定。

定义 1.19 设 X_t 和 Y_t 分别是多因素不确定微分方程（1-4）满足初始条件 X_0 和 Y_0 的解，若对任意的实数 $\varepsilon > 0$，

$$\lim_{|X_0 - Y_0| \to 0} E\left\{ \sup_{t \geq 0} |X_t - Y_t| \geq \varepsilon \right\} = 0$$

成立，则称多因素不确定微分方程（1-4）依均值稳定。

定理 1.16 如果多因素不确定微分方程（1-4）依均值稳定，那么它也依测度稳定。

定义 1.20 设 $\mathbf{C}_t = (C_{1t}, C_{2t}, \cdots, C_{nt})^T$ 是一个 n 维的 Liu 过程，设 $\mathbf{X}_t = [X_{ijt}]$ 为一个 $m \times n$ 维的不确定矩阵过程，该矩阵的元素 X_{ijt} 是可积的不确定过程。则由 n 维 Liu 过程驱动的 $\mathbf{X}_t$ 的不确定积分为

$$\int_a^b \mathbf{X}_t d\mathbf{C}_t = \begin{bmatrix} \sum_{j=1}^n \int_a^b X_{1jt} dC_{jt} \\ \sum_{j=1}^n \int_a^b X_{2jt} dC_{jt} \\ \cdots \\ \sum_{j=1}^n \int_a^b X_{mjt} dC_{jt} \end{bmatrix}.$$

定义 1.21 设 $\mathbf{C}_t$ 是一个 n 维的 Liu 过程，$\mathbf{f}(t, \mathbf{x})$ 是一个从 $T \times \Re^m$ 到 $\Re^m$ 的向量值函数，$\mathbf{g}(t, \mathbf{x})$ 是一个从 $T \times \Re^m$ 到 $m \times n$ 维矩阵的矩阵值函数。则

$$d\mathbf{X}_t = \mathbf{f}(t, \mathbf{X}_t) dt + \mathbf{g}(t, \mathbf{X}_t) d\mathbf{C}_t$$

被称为由 $\mathbf{C}_t$ 驱动的 m 维不确定微分方程。它的解是在任意时刻 t 满足该方程的 n 维不确定过程。

例 1.2　设 C_t 是一个 Liu 过程，**U** 和 **V** 是满足 **UV = VU** 的两个 m × m 阶矩阵。则 m 维不确定微分方程

$$d\mathbf{X}_t = \mathbf{U}\mathbf{X}_t dt + \mathbf{V}\,\mathbf{X}_t d\mathbf{C}_t$$

的解是

$$\mathbf{X}_t = \exp(t\mathbf{U} + C_t\mathbf{V}) \cdot \mathbf{X}_0 \,。$$

第七节　本章小结

本章介绍了期权定价问题和期权产品选择决策问题的研究背景，从系统分析已有相关研究的优点和不足出发，阐述了基于不确定微分方程的方法研究为该研究问题的解决提供了一种新的数学理论视角。在回顾总结期权定价问题国内外研究现状的基础上，考虑金融衍生产品标的物资产价格的变化规律的特性、期权产品价格受到多个方面的影响等因素，确立了本书的研究对象：基于不确定微分方程的期权定价模型和方法，针对期权产品选择决策问题从不确定微分方程稳定性的角度分析了金融产品的风险类型；最后明确了本书的主要研究内容，并对相关理论做了必要的阐述。

第二章　基于多维度不确定股票模型稳定性的期权选择

现实世界是离散的，而不是连续的。然而，描述很多问题时，总是用确定的、连续的微分方程来描述，虽然这涉及多维非线性系统，并且足够复杂且难以求解，但它实际上只是经典极限下的近似。为了解经典系统在时间和空间上的全局性质，需要掌握全部的信息，这几乎是不可能实现的。因此，可以在一个不动点去感知信息的影响，从而得到近似信息，并假定这样的局域信息可以表征全局属性，然后对其进行建模，这就要求所刻画的系统适合用随机过程来表征。

所谓随机过程，就是一组随时间变化的随机变量，是一种根据复杂多体系统中局部研究对象特征的信息来表示复杂多体系统演化的近似方法。它相当于集成整个环境对局部对象的作用。这种整合过程不可避免地导致局部波动的平均化，一些信息会丢失，但问题会被简化，即降低了研究问题的维度。一般而言，系统分割越小，环境与系统的相互作用越弱，环境变化越慢，系统的动力学可以用微分方程来描述，失真越小。

微分方程描述的是多维动态空间中点随时间演化的轨迹。以股票价格为例，关于股票涨跌的整体分布，这是一个有关时间和位置的函数。因此，用微分方程来描述动态空间中对应于这个事物的曲线的变化（空间和时间的维度）。选择什么样的模型描述这个世界，取决于所研究的对象是动态空间中一个点随时间的演化轨迹，也取决于个人的能力范围。换言之，在处理许多动态系统中的问题时，人们首先想到的是微分方程。该类问题的共同点是，将输入归结于一个连续而变化极快的随机函数，也就是一个 Brown 运动模型中的驱动力。

关于微分方程的研究主要是两个方面：解析解和稳定性。针对金融产品这一研究对象，希望解决的问题是基于微分方程的稳定性对金融产品的风险类型进行分析，从而对期权产品的选择做出决策。为研究影响动态系统的因素是多维度的情况，Yao（2014）提出了由多个 Liu 过程驱动的多维度不确定方程的概念。随后，Su 等（2016）探讨了多维度不确定微分方程依测度稳定的条件。Feng 等（2017）研究了多维度不确定微分方程的依均值稳定性。Gao（2018）研究了多维度不确定微分方程几乎处处稳定的条件。

本章主要研究了多维度不确定微分方程的 p - 阶矩稳定性。

第一节　问题描述

定义 2.1　对于一个多维度不确定微分方程

$$d\mathbf{X}_t = \mathbf{f}(t, \mathbf{X}_t)dt + \mathbf{g}(t, \mathbf{X}_t)d\mathbf{C}_t \qquad (2-1)$$

如果对不同初值 $\mathbf{X}_0$ 和 $\mathbf{Y}_0$ 的任意两个解 $\mathbf{X}_t$ 和 $\mathbf{Y}_t$，有

$$\lim_{|\mathbf{X}_0 - \mathbf{Y}_0| \mapsto 0} E\big[|\mathbf{X}_t - \mathbf{Y}_t|^p\big] = 0 \qquad (2-2)$$

则称该多维度不确定方程是 p - 阶矩稳定的，$0 < p < +\infty$。

特别是，当 p = 1 时，该多维度不确定微分方程是依均值稳定的。

为了方便理解，给出两个不同形式的数值例子进行说明。

例 2.1　考虑如下的二维不确定微分方程：

$$d\mathbf{X}_t = 2\begin{bmatrix} \mu_{1t} \\ \mu_{2t} \end{bmatrix}dt + 2\begin{bmatrix} \sigma_{1t} & 0 \\ 0 & \sigma_{2t} \end{bmatrix}\begin{bmatrix} d\mathbf{C}_{1t} \\ d\mathbf{C}_{2t} \end{bmatrix}, \qquad (2-3)$$

其中 μ_{1t}、μ_{2t}、σ_{1t}、σ_{2t} 是正数。由于对不同初值 $\mathbf{X}_0$ 和 $\mathbf{Y}_0$ 方程的解分别为

$$\mathbf{X}_t = \mathbf{X}_0 + 2 \begin{bmatrix} \int_0^t \mu_{1s} ds + \int_0^t \sigma_{1s} dC_{1t} \\ \int_0^t \mu_{2s} ds + \int_0^t \sigma_{2s} dC_{1t} \end{bmatrix},$$

和

$$\mathbf{Y}_t = \mathbf{Y}_0 + 2 \begin{bmatrix} \int_0^t \mu_{1s} ds + \int_0^t \sigma_{1s} dC_{1t} \\ \int_0^t \mu_{2s} ds + \int_0^t \sigma_{2s} dC_{1t} \end{bmatrix},$$

可以得到

$$\lim_{|\mathbf{X}_0 - \mathbf{Y}_0| \mapsto 0} E\left[|\mathbf{X}_t - \mathbf{Y}_t|^p \right] = \lim_{|\mathbf{X}_0 - \mathbf{Y}_0| \mapsto 0} |\mathbf{X}_t - \mathbf{Y}_t|^p = 0,$$

因此该二维不确定微分方程是 p – 阶矩稳定的。

例 2.2 考虑如下的二维不确定微分方程:

$$d\mathbf{X}_t = -\mathbf{X}_t dt + \begin{bmatrix} 1 & 0 \\ 0 & 1 \end{bmatrix} \begin{bmatrix} dC_{1t} \\ dC_{2t} \end{bmatrix}, \tag{2-4}$$

其中 $\mathbf{X}_t$ 是一个二维整数不确定过程。由于对不同初值 $\mathbf{X}_0$ 和 $\mathbf{Y}_0$ 方程的解分别为

$$\mathbf{X}_t = \exp(-t)\mathbf{X}_0 + \begin{bmatrix} \int_0^t \exp(s-t) dC_{1s} \\ \int_0^t \exp(s-t) dC_{2s} \end{bmatrix},$$

和

$$\mathbf{Y}_t = \exp(-t)\mathbf{Y}_0 + \begin{bmatrix} \int_0^t \exp(s-t) dC_{1s} \\ \int_0^t \exp(s-t) dC_{2s} \end{bmatrix},$$

可以得到

$$\lim_{|\mathbf{X}_0 - \mathbf{Y}_0| \mapsto 0} E\left[|\mathbf{X}_t - \mathbf{Y}_t|^p \right] = \lim_{|\mathbf{X}_0 - \mathbf{Y}_0| \mapsto 0} \exp(-pt) |\mathbf{X}_t - \mathbf{Y}_t|^p = 0,$$

因此该二维不确定微分方程是 p - 阶矩稳定的。

第二节　不确定多维度股票模型
p - 阶矩稳定性的条件

一、多维度不确定微分方程的 p - 阶矩稳定性定理

若某只股票的价格可用多维度不确定微分方程描述，通过该节的推导，可得它 p - 阶矩稳定的充分条件。

定理 2.1　对于多维度不确定微分方程

$$d\mathbf{X}_t = \mathbf{f}(t, \mathbf{X}_t) dt + \mathbf{g}(t, \mathbf{X}_t) d\mathbf{C}_t,$$

如果系数 $\mathbf{f}(t, \mathbf{x})$ 和 $\mathbf{g}(t, \mathbf{x})$ 满足强 Lipschitz 条件：

$$|\mathbf{f}(t, \mathbf{x}) - \mathbf{f}(t, \mathbf{y})| \leqslant L_{1t} |\mathbf{x} - \mathbf{y}|$$

$$|\mathbf{g}(t, \mathbf{x}) - \mathbf{g}(t, \mathbf{y})| \leqslant L_{2t} |\mathbf{x} - \mathbf{y}|,$$

其中，$\mathbf{x}$、$\mathbf{y} \in R^m$，$t \geqslant 0$，L_{1t} 和 L_{2t} 满足

$$\int_0^{+\infty} L_{1t} dt < +\infty,$$

$$\int_0^{+\infty} L_{2t} dt < \frac{\pi}{\sqrt{3}p},$$

那么，该多维度不确定微分方程是 p - 阶矩稳定的。

证明： 令 $\mathbf{X}_t$ 和 $\mathbf{Y}_t$ 是多维度不确定微分方程（2 - 1）的解，初值分别记为 $\mathbf{X}_0$ 和 $\mathbf{Y}_0$。则对任意 Lipschitz 连续的样本轨道 $C_{jt}(\gamma)$，$j = 1, 2, \cdots,$ n，有

$$\mathbf{X}_t(\gamma) = \mathbf{X}_0(\gamma) + \int_0^t \mathbf{f}(s, \mathbf{X}_s(\gamma)) ds + \int_0^t \mathbf{g}(s, \mathbf{X}_s(\gamma) d\mathbf{C}_s(\gamma)) \quad (2 - 5)$$

和

$$\mathbf{Y}_t(\boldsymbol{\gamma}) = \mathbf{Y}_0(\boldsymbol{\gamma}) + \int_0^t \mathbf{f}(s, \mathbf{Y}_s(\boldsymbol{\gamma})) ds + \int_0^t \mathbf{g}(s, \mathbf{Y}_s(\boldsymbol{\gamma}) d\mathbf{C}_s(\boldsymbol{\gamma}))。 \quad (2-6)$$

由式 (2-5) 和式 (2-6)，有

$$\mathbf{X}_t(\boldsymbol{\gamma}) - \mathbf{Y}_t(\boldsymbol{\gamma}) = [\mathbf{X}_0(\boldsymbol{\gamma}) - \mathbf{Y}_0(\boldsymbol{\gamma})] + \int_0^t [\mathbf{f}(s, \mathbf{X}_s(\boldsymbol{\gamma})) - \mathbf{f}(s, \mathbf{Y}_s(\boldsymbol{\gamma}))] ds +$$

$$\int_0^t [\mathbf{g}(s, \mathbf{X}_s(\boldsymbol{\gamma})) - \mathbf{g}(s, \mathbf{Y}_s(\boldsymbol{\gamma}))] d\mathbf{C}_s(\boldsymbol{\gamma})。$$

假设 $K_j(\boldsymbol{\gamma})$ 是 $C_{jt}(\boldsymbol{\gamma})$ 的 Lipschitz 常数，$j = 1, 2, \cdots, n$，取 $K(\boldsymbol{\gamma}) = \bigvee_{j=1}^n K_j(\boldsymbol{\gamma})$，由强 Lipschitz 条件可得

$$|\mathbf{X}_t(\boldsymbol{\gamma}) - \mathbf{Y}_t(\boldsymbol{\gamma})| \leqslant |\mathbf{X}_0(\boldsymbol{\gamma}) - \mathbf{Y}_0(\boldsymbol{\gamma})| + \int_0^t |\mathbf{f}(s, \mathbf{X}_s(\boldsymbol{\gamma})) - \mathbf{f}(s, \mathbf{Y}_s(\boldsymbol{\gamma}))| ds +$$

$$\left| \int_0^t [\mathbf{g}(s, \mathbf{X}_s(\boldsymbol{\gamma}) - \mathbf{g}(s, \mathbf{Y}_s(\boldsymbol{\gamma})] d\mathbf{C}_s(\boldsymbol{\gamma}) \right|$$

$$\leqslant |\mathbf{X}_0(\boldsymbol{\gamma}) - \mathbf{Y}_0(\boldsymbol{\gamma})| + \int_0^t |\mathbf{f}(s, \mathbf{X}_s(\boldsymbol{\gamma})) - \mathbf{f}(s, \mathbf{Y}_s(\boldsymbol{\gamma}))| ds +$$

$$\int_0^t |\mathbf{g}(s, \mathbf{X}_s(\boldsymbol{\gamma}) - \mathbf{g}(s, \mathbf{Y}_s(\boldsymbol{\gamma}) \| d\mathbf{C}_s(\boldsymbol{\gamma})|$$

$$\leqslant |\mathbf{X}_0(\boldsymbol{\gamma}) - \mathbf{Y}_0(\boldsymbol{\gamma})| + \int_0^t L_{1s} |\mathbf{X}_s(\boldsymbol{\gamma}) - \mathbf{Y}_s(\boldsymbol{\gamma})| ds +$$

$$\int_0^t K(\boldsymbol{\gamma}) |\mathbf{g}(s, \mathbf{X}_s(\boldsymbol{\gamma}) - \mathbf{g}(s, \mathbf{Y}_s(\boldsymbol{\gamma}) \| ds|$$

$$\leqslant |\mathbf{X}_0(\boldsymbol{\gamma}) - \mathbf{Y}_0(\boldsymbol{\gamma})| + \int_0^t L_{1s} |\mathbf{X}_s(\boldsymbol{\gamma}) - \mathbf{Y}_s(\boldsymbol{\gamma})| ds +$$

$$\int_0^t K(\boldsymbol{\gamma}) L_{2s} |\mathbf{X}_s(\boldsymbol{\gamma}) - \mathbf{Y}_s(\boldsymbol{\gamma}) \| ds|$$

$$\leqslant |\mathbf{X}_0(\boldsymbol{\gamma}) - \mathbf{Y}_0(\boldsymbol{\gamma})| + \int_0^t (L_{1s} + K(\boldsymbol{\gamma}) L_{2s}) |\mathbf{X}_s(\boldsymbol{\gamma}) - \mathbf{Y}_s(\boldsymbol{\gamma})| ds$$

其中 $t \geqslant 0$、$\boldsymbol{\gamma} \in \Gamma$。由 Grönwall 不等式得

$$|\mathbf{X}_t(\boldsymbol{\gamma}) - \mathbf{Y}_t(\boldsymbol{\gamma})| \leqslant |\mathbf{X}_0(\boldsymbol{\gamma}) - \mathbf{Y}_0(\boldsymbol{\gamma})| \exp\left(\int_0^t L_{1s} ds\right) \exp\left(K(\boldsymbol{\gamma}) \int_0^t L_{2s} ds\right)$$

$$\leqslant |\mathbf{X}_0(\boldsymbol{\gamma}) - \mathbf{Y}_0(\boldsymbol{\gamma})| \exp\left(\int_0^{+\infty} L_{1s} ds\right) \exp\left(K(\boldsymbol{\gamma}) \int_0^{+\infty} L_{2s} ds\right),$$

其中 $t \geq 0$、$\gamma \in \Gamma$。因此

$$|\mathbf{X}_t(\gamma) - \mathbf{Y}_t(\gamma)| \leq |\mathbf{X}_0(\gamma) - \mathbf{Y}_0(\gamma) \exp\left(\int_0^{+\infty} L_{1s} ds\right) \exp\left(K \int_0^{+\infty} L_{2s} ds\right)$$

是几乎处处成立的，这里的 K 是一个非负的不确定变量，由定理 1.16 可得：

$$M\{\gamma \in \Gamma | K(\gamma) \leq x\} \geq 2(1 + \exp(-\pi x/\sqrt{3}) - 1) - 1。$$

对两边取 p – 阶矩，有

$$E[|\mathbf{X}_t - \mathbf{Y}_t|^p] \leq |\mathbf{X}_0 - \mathbf{Y}_0|^p \exp\left(p\int_0^{+\infty} L_{1s} ds\right) E\left[\exp\left(pK\int_0^{+\infty} L_{2s} ds\right)\right], \ \forall t \geq 0。$$

由于

$$\int_0^{+\infty} L_{1s} ds < +\infty,$$

则

$$\exp\left(p\int_0^{+\infty} L_{1s} ds\right) < +\infty。$$

对于

$$E\left[\exp\left(pK\int_0^{+\infty} L_{2s} ds\right)\right],$$

为方便证明，取

$$r = \int_0^{+\infty} L_{2s} ds < \frac{\pi}{\sqrt{3}p}。$$

根据期望值的定义可得

$$E[\exp(rpK)] = \int_0^{+\infty} \{\exp(rpK) \geq x\} dx$$

$$= \int_0^1 \{\exp(rpK) \geq x\} dx + \int_1^{+\infty} \{\exp(rpK) \geq x\} dx$$

$$= 1 + \int_1^{+\infty} \{\exp(rpK) \geq x\} dx$$

$$= 1 + r\int_0^{+\infty} \exp(rpy) \{K \geq y\} dy$$

$$\leqslant 1 + r\int_0^{+\infty} \exp(rpy)\,(1 - (2\,(1 + \exp(-\pi x/\sqrt{3}))^{-1}))\,\mathrm{dy}$$

$$= 1 + 2r\int_0^{+\infty} \exp(rpy)\,(1 + \exp(-\pi x/\sqrt{3}))^{-1}\,\mathrm{dy}$$

$$= 1 + 2\int_1^{+\infty} 1/(1 + x^{\pi/(\sqrt{3}rp)})\,\mathrm{dx} < +\infty\,。$$

即

$$E\Big[\exp\Big(pK\int_0^{+\infty} L_{2s}\mathrm{ds}\Big)\Big] \leqslant 1 + 2\int_1^{+\infty} 1/(1 + x^{\pi/(p\sqrt{3}\int_0^{+\infty} L_{2s}\mathrm{ds})})\,\mathrm{dx} < +\infty$$

显然，有

$$\lim_{|\mathbf{X}_0-\mathbf{Y}_0|\mapsto 0} E\big[\,|\mathbf{X}_t - \mathbf{Y}_t|^p\,\big] = 0,$$

多维度不确定微分方程是 p - 阶矩稳定的。证毕。

为了进一步方便理解，给出一个实例。

例 2.3　考虑如下的二维不确定微分方程：

$$\mathrm{d}\mathbf{X}_t = -\frac{\exp(-t)}{4}\mathbf{X}_t\mathrm{dt} + \begin{bmatrix} 0 & \dfrac{\exp(-t)}{4} \\ \dfrac{\exp(-t)}{4} & 0 \end{bmatrix}\mathbf{X}_t\mathrm{dC_t}。$$

显然

$$\mathbf{f}(t,\mathbf{x}) = -\frac{\exp(-t)}{4}\mathbf{x},\ \mathbf{g}(t,\mathbf{x}) = \begin{bmatrix} 0 & \dfrac{\exp(-t)}{4} \\ \dfrac{\exp(-t)}{4} & 0 \end{bmatrix}\mathbf{x}。$$

由于

$$|\mathbf{f}(t,\mathbf{x}) - \mathbf{f}(t,\mathbf{y})| = |\mathbf{g}(t,\mathbf{x}) - \mathbf{g}(t,\mathbf{y})| = \frac{\exp(-t)}{4}|\mathbf{x} - \mathbf{y}|,$$

且

$$\int_0^{+\infty} \frac{\exp(-t)}{4}\mathrm{dt} = \frac{1}{4} < \frac{\pi}{\sqrt{3}p},\ \forall\,0 < p < \frac{4\pi}{\sqrt{3}},$$

由定理 2.1 得这个二维不确定微分方程是 p - 阶矩稳定的。

注：定理 2.1 给出了多维度不确定微分方程 p - 阶矩稳定的充分（非必要）条件。

二、线性多维度不确定微分方程的 p – 阶矩稳定性定理

若某只股票的价格可用线性多维度不确定微分方程描述，通过该节的推导，可得它 p – 阶矩稳定的充分必要条件。

定理 2.2 假设 $\mathbf{U}_t$、$\mathbf{V}_t$ 是 $n \times n$ 的矩阵实值函数，$\mathbf{A}_t$、$\mathbf{B}_t$ 是 n 维的向量实值函数。对于线性 n 维不确定微分方程

$$d\mathbf{X}_t = (\mathbf{U}_t\mathbf{X}_t + \mathbf{A}_t)dt + (\mathbf{V}_t\mathbf{X}_t + \mathbf{B}_t)dC_t$$

当且仅当

$$\int_0^{+\infty} |\mathbf{U}_t|t < +\infty, \int_0^{+\infty} |\mathbf{V}_t|t < \frac{\pi}{\sqrt{3}p} \tag{2-7}$$

时，该线性多维度不确定微分方程是 p – 阶矩稳定的。

证明：由于 $\mathbf{f}(t, \mathbf{X}) = \mathbf{U}_t x + \mathbf{A}_t$，$\mathbf{g}(t, \mathbf{X}) = \mathbf{V}_t x + \mathbf{B}_t$，则

$$|\mathbf{f}(t, \mathbf{x}) - \mathbf{f}(t, \mathbf{y})| = |\mathbf{U}_t||\mathbf{x} - \mathbf{y}|,$$

$$|\mathbf{g}(t, \mathbf{x}) - \mathbf{g}(t, \mathbf{y})| = |\mathbf{V}_t||\mathbf{x} - \mathbf{y}|.$$

由式（2 – 7）和定理 2.1 可得该线性多维度不确定微分方程是 p – 阶矩稳定的。证毕。

第三节 多维度不确定股票模型的稳定性对比分析

一、p – 阶矩稳定性和依测度稳定性

本节主要讨论多维度不确定股票模型的 p – 阶矩稳定性和依测度稳定之间的关系。

定理 2.3 若多维度不确定微分方程

$$d\mathbf{X}_t = \mathbf{f}\,(t,\,\mathbf{X}_t)\,dt + \mathbf{g}\,(t,\,\mathbf{X}_t)\,d\mathbf{C}_t$$

是 p - 阶矩稳定的,那么它是依测度稳定的。

证明:设 $\mathbf{X}_t$、$\mathbf{Y}_t$ 是多维度不确定微分方程满足初始条件 $\mathbf{X}_0$ 和 $\mathbf{Y}_0$ 的两个不同的解,根据 p - 阶矩稳定性的定义,有

$$\lim_{|\mathbf{X}_0 - \mathbf{Y}_0| \mapsto 0} E\left[\,|\mathbf{X}_t - \mathbf{Y}_t|^p\,\right] = 0, \qquad \forall\, t > 0。$$

则对于任给的实数 $\varepsilon > 0$,由 Markov 不等式可以得到

$$\lim_{|X_0 - Y_0| \mapsto 0} \{\,|\mathbf{X}_t - \mathbf{Y}_t| \geq \varepsilon\,\} \leq \lim_{|X_0 - Y_0| \mapsto 0} \frac{\left[\,|\mathbf{X}_t - \mathbf{Y}_t|^p\,\right]}{\varepsilon^p} = 0, \quad \forall\, t > 0。$$

因此对于多维度不确定微分方程,由 p - 阶矩稳定性可以推出依测度稳定。

那么,由多维度不确定股票模型的 p - 阶矩稳定性,可推出它也是依测度稳定的。为方便说明,给出一个数值算例。

例 2.4 考虑某只股票的价格可用如下的二维不确定微分方程来描述

$$d\mathbf{X}_t = \exp(-t)\,\mathbf{X}_t dt + \begin{bmatrix} 0 & \dfrac{\exp(-t)}{8} \\ \dfrac{\exp(-t)}{8} & 0 \end{bmatrix} \exp(-\mathbf{X}_t)d\mathbf{C}_t,$$

这里的 $\mathbf{C}_t$ 是一个 Liu 过程。因为函数 $\mathbf{f}(t,\mathbf{x}) = \exp(-t)\mathbf{x}$ 满足

$$|\mathbf{f}(t,\mathbf{x}) - \mathbf{f}(t,\mathbf{y})| \leq \exp(-t)\,|\mathbf{x} - \mathbf{y}|,$$

函数

$$\mathbf{g}(t,\mathbf{x}) = \begin{bmatrix} 0 & \dfrac{\exp(-t)}{8} \\ \dfrac{\exp(-t)}{8} & 0 \end{bmatrix} \exp(-\mathbf{x})$$

满足

$$|\mathbf{g}(t,\mathbf{x}) - \mathbf{g}(t,\mathbf{y})| \leq \frac{\exp(-t)}{8}|\mathbf{x} - \mathbf{y}|。$$

一方面,因为 $\exp(-t)$ 是 t 的单调函数,且

$$\int_0^{+\infty} \exp(-t)dt < +\infty, \int_0^{+\infty} \frac{\exp(-t)}{8}dt = \frac{1}{8} < \frac{\pi}{\sqrt{3}p}, \forall 0 < p < \frac{8\pi}{\sqrt{3}},$$

由定理 2.1 得出该二维不确定微分方程是 p - 阶矩稳定的。

另一方面，由于

$$|\mathbf{f}(t, \mathbf{x}) - \mathbf{f}(t, \mathbf{y})| + |\mathbf{g}(t, \mathbf{x}) - \mathbf{g}(t, \mathbf{y})| \leq \exp(-t)|\mathbf{x} - \mathbf{y}|,$$

这里 exp（-t）在区间［0，+∞）上可积。根据定理 2.1 得，该二维不确定微分方程是依测度稳定的。

注：一般来说，由多维度不确定微分方程的依测度稳定性不能推导出 p - 阶矩稳定性。因此，若多维度不确定股票模型是依测度稳定的，不能推出它是 p - 阶矩稳定的。

二、p_1 - 阶矩稳定和 p_2 - 阶矩稳定性

定理 2.4 对任意两个实数 $0 < p_1 < p_2 < +\infty$，如果一个多维度不确定微分方程是 p_2 - 阶矩稳定的，那么它是 p_1 - 阶矩稳定的。

证明：根据 p_2 - 阶矩稳定性的定义，对于满足多维度不确定微分方程初始条件 $\mathbf{X}_0$ 和 $\mathbf{Y}_0$ 的两个不同的解 $\mathbf{X}_t$、$\mathbf{Y}_t$，有

$$\lim_{|\mathbf{X}_0 - \mathbf{Y}_0| \mapsto 0} [|\mathbf{X}_t - \mathbf{Y}_t|_{p_2}] = 0, \quad \forall t > 0。$$

根据 Hölder 不等式，有

$$E[|\mathbf{X}_t - \mathbf{Y}_t|^{p_1}] = E[|\mathbf{X}_t - \mathbf{Y}_t|^{p_1} \cdot 1]$$

$$\leq \sqrt[\left(\frac{p_2}{p_1}\right)]{E[|\mathbf{X}_t - \mathbf{Y}_t|^{p_1 \cdot \frac{p_2}{p_1}}]} \cdot \sqrt[\left(\frac{p_2}{p_2-p_1}\right)]{E[|\mathbf{X}_t - \mathbf{Y}_t|^{\frac{p_2}{p_2-p_1}}]}$$

$$= \sqrt[\left(\frac{p_2}{p_1}\right)]{E[|\mathbf{X}_t - \mathbf{Y}_t|^{p_2}]}, \quad \forall t > 0。$$

因此，由多维度不确定微分方程的 p_2 - 阶矩稳定性可以推出 p_1 - 阶矩稳定性，即若由多维不确定微分方程描述的某只股票的价格模型是三阶矩稳定的，则它也是二阶矩稳定的。

第四节　金融算例及分析

例 2.5　设 m、a、σ_1 和 σ_2 为实数，C_{1t}、C_{2t} 是独立的 Liu 过程，股票价格 X_t 服从多维度不确定微分方程

$$d\mathbf{X}_t = (m - a\,\mathbf{X}_t)\,dt + \begin{bmatrix} \sigma_1 & 0 \\ 0 & \sigma_2 \end{bmatrix}\begin{bmatrix} dC_{1t} \\ dC_{2t} \end{bmatrix}。$$

显然，这个二维不确定微分方程系数 $\mathbf{f}(t, \mathbf{x}) = (m - a\,\mathbf{X}_t)$ 和 $\mathbf{g}(t, \mathbf{x}) = \begin{bmatrix} \sigma_1 & 0 \\ 0 & \sigma_2 \end{bmatrix}$ 符合本章的定理 2.1 给出的充分条件，则该二维不确定微分方程是 p – 阶矩稳定的，该微分方程描述的股票模型是风险较低的，该款金融产品较受风险厌恶者的喜爱。

通过使用微分方程这一数学工具定量地对金融风险进行刻画，可以得到更加可靠、精确的结论。这得益于数学学科具有逻辑和直觉、共性和个性、分析和推理等特征，表现出高度的抽象性、广泛性、严谨性、精确性和逻辑性。通过对金融现象的研究来发现金融问题背后的动态变量关系，使复杂关系明晰化、可辨化，体现了数学的抽象性。将数学应用在金融领域，体现了数学的广泛性。清楚地阐明一个结论成立的边界和使用范围，给出一个结论成立的确切条件，体现了数学的严谨性。使用准确的金融数据进行定量的分析，从而得到可信的结论，体现了数学的精确性。期权产品定价公式更是通过数学理论推理得到的，将复杂的逻辑关系用精练而准确的数学符号、数学语言表达出来，使假设前提条件的陈述更加清楚，体现了数学严密的逻辑性。由于数学的这些特征和特性，才能在金融理论中提供研究平台，建立参照系，给出分析工具。因此，更好地借助数学方

法，深入现象看本质，才能促进现代金融理论和数学理论共同发展、共同进步。

与其他研究方法不同，数学方法具有独特性和局限性。虽然数学方法有时可以简洁、准确地表达解释某些金融现象，但并不是所有的金融问题都可以通过数学方法进行研究，应该根据具体情况选择需要使用的具体方法，确定使用范畴及研究对象。因此，使用数学方法研究金融领域的问题，应以定性分析为前提，以定量研究作为辅助工具，杜绝"滥用数学"现象的发生。不得使用脱离理论基础的非正式用语与符号，不得使用脱离现实与直觉的假定，不得错误地推演数理模型。否则，会使研究者将精力错用，将大量本该应用到对问题的深入思考中的时间投入数学推导，造成简单问题复杂化，同时降低了作者和读者的效率，对金融决策和社会生活造成一定的负面影响。

当满足以下三个前提条件时，使用数学模型能更好地促进现代金融理论的研究。首先是能够正确证明自己的想法，其次是数学符号与语言解释能紧密联系，最后是选取的变量要有意义且与实际数据能够较为紧密地对应。在此前提下，数学才能在金融理论阐述、逻辑推理、传播和验证中起到积极作用。

投资者在选择金融产品时是为了保证这部分资产不贬值或能获得更高收益以实现增值，对拥有的资产进行金融上的规划与安排。对于个人投资者来说，金融投资的首要目的是保证金融资产不会因物价上涨而发生亏损，而物价上涨是普遍且持续的，所以个人金融投资需要不断对投资结构进行调整从而实现预期目标。以个人为单位计算的总资产包括非金融资产和金融资产。其中，金融资产包括现金、银行存款、股票、基金、债券、金融理财产品、金融衍生产品、非人民币资产、贵金属等，非金融资产包括房屋、土地、车辆、商铺、奢侈品等。因此，根据个人投资者风险厌恶程度的不同而准确选择投资产品是十分必要的。

第五节　本章小结

随着经济高速发展和理财观念的进步，金融产品的数量急剧增加，新型产品更是不断涌现。人们对一些新兴产业的市场前景描述太过美好，其商业价值被人为夸大，导致金融市场的概念重于业绩，不可避免地产生了泡沫。那么，在面对这些令人眼花缭乱的期权产品，如何选择最适合自己风险承受能力范围内的产品呢？本章基于不确定理论为这个问题提供了新的思考视角，为风险偏好型、风险中性型、风险厌恶型等投资者在决策时提供了理论依据。

本章首先提出了多维度不确定微分方程的 p – 阶矩稳定性的概念，分别推导出了多维度不确定微分方程的 p – 阶矩稳定性的充分条件和线性多维度不确定微分方程的 p – 阶矩稳定性的充分必要条件。其次，分析了针对多维度不确定微分方程，p – 阶矩稳定性和依测度稳定性之间的关系，得到以下期权产品选择的决策建议：当股票模型中的参数满足条件时，股票模型是 p – 阶矩稳定的，此期权产品将受到风险厌恶型投资者的喜爱；参数不满足条件时，股票价格是不稳定的，在风险程度高的情况下收益可能无限大，可将此产品推荐给风险偏好型客户。最后，通过金融数值算例的形式进一步说明了该章研究内容的有效性。

第三章　基于多因素不确定股票模型稳定性的期权选择

　　影响股票价格变动这一动态系统的因素往往不仅一种，用多因素不确定微分方程描述股票价格的变动可以贴近现实金融市场的特征。Li 和 Peng（2015）提出了多因素不确定微分方程的概念，并给出其在 Lipschitz 和线性增长条件下解的存在唯一性定理。随后，Zhang、Gao 和 Yang（2016）研究了多因素不确定微分方程的依均值稳定和依测度稳定性的条件。Sheng 等（2017）讨论了多因素不确定微分方程几乎处处稳定的条件。Ma 等（2017）给出一个多因素不确定微分方程依分布稳定的条件，并讨论了依分布稳定，依测度稳定和依均值稳定之间的关系。之后，Ma 等（2018）讨论了多因素不确定微分方程 p－阶矩稳定的条件。Ahmadzade 研究了多因素不确定微分方程 p－阶矩指数稳定性的条件。

　　本章主要研究了多因素不确定微分方程的 p－阶矩稳定性和指数稳定性，它是第二章研究内容维度的平行和拓展。

第一节　问题描述

　　本节分别研究了股票价格满足多因素不确定微分方程时的两种稳定性：p－阶矩稳定性和指数稳定性。

一、多因素不确定股票模型的 p - 阶矩稳定性

定义 3.1 对于一个多因素不确定微分方程

$$dX_t = f(t, X_t)dt + \sum_{i=1}^{n} g_i(t, X_t)dC_{it},\qquad (3-1)$$

如果对不同初值 X_0 和 Y_0 的任意两个解 X_t 和 Y_t，有

$$\lim_{|X_0 - Y_0| \mapsto 0} E\left[\sup_{t \geq 0} |X_t - Y_t|^p\right] = 0 \qquad (3-2)$$

成立，则称该多因素不确定方程是 p - 阶矩稳定的，$0 < p < +\infty$。

为了方便理解，给出两个数值例子说明。

例 3.1 考虑如下的多因素不确定微分方程

$$dX_t = \mu dt + \sigma_1 dC_{1t} + \sigma_2 dC_{2t} + \sigma_3 dC_{3t},\qquad (3-3)$$

其中 $\sigma_1 > 0$、$\sigma_2 > 0$、$\sigma_3 > 0$。

对不同初值 X_0 和 Y_0 方程的解分别为

$$X_t = X_0 + \mu t + \sigma_1 C_{1t} + \sigma_2 C_{2t} + \sigma_3 C_{3t},$$

和

$$Y_t = Y_0 + \mu t + \sigma_1 C_{1t} + \sigma_2 C_{2t} + \sigma_3 C_{3t}。$$

因为

$$|X_t - Y_t| = |X_0 - Y_0|,\quad \forall t \geq 0,$$

则

$$\sup_{t \geq 0} |X_t - Y_t|^p = |X_0 - Y_0|^p。$$

由此可得

$$\lim_{|X_0 - Y_0| \mapsto 0} E\left[\sup_{t \geq 0} |X_t - Y_t|^p\right] = 0,\ p > 0。$$

因此，该多因素不确定微分方程是 p - 阶矩稳定的。

例 3.2 考虑如下的多因素不确定微分方程

$$dX_t = X_t dt + \sigma_1 dC_{1t} + \sigma_2 dC_{2t} + \sigma_3 dC_{3t},\qquad (3-4)$$

其中 $\sigma_1 > 0$、$\sigma_2 > 0$、$\sigma_3 > 0$。

对不同初值 X_0 和 Y_0 方程的解分别为

$$X_t = \exp(t)X_0 + \sigma_1\exp(t)\int_0^t \exp(-s)dC_{1t} +$$

$$\sigma_2\exp(t)\int_0^t \exp(-s)dC_{2t} + \sigma_3\exp(t)\int_0^t \exp(-s)dC_{3t}$$

和

$$Y_t = \exp(t)Y_0 + \sigma_1\exp(t)\int_0^t \exp(-s)dC_{1t} +$$

$$\sigma_2\exp(t)\int_0^t \exp(-s)dC_{2t} + \sigma_3\exp(t)\int_0^t \exp(-s)dC_{3t}。$$

因为

$$|X_t - Y_t| = \exp(t)|X_0 - Y_0|, \forall t \geqslant 0,$$

则

$$\lim_{|X_0-Y_0|\mapsto 0} E\left[\sup_{t\geqslant 0}|X_t - Y_t|^p\right] = \lim_{|X_0-Y_0|\mapsto 0} E\left[\exp^p(t)|X_0 - Y_0|^p\right] = +\infty。$$

因此，该多因素不确定微分方程不是 p - 阶矩稳定的。

二、多因素不确定股票模型的指数稳定性

定义 3.2   对于一个多因素不确定微分方程

$$dX_t = f(t,X_t)dt + \sum_{i=1}^n g_i(t,X_t)dC_{it}, \tag{3-5}$$

如果对不同初值 X_0 和 Y_0 的任意两个解 X_t 和 Y_t，存在常数 A 和 α 使得

$$E[|X_t - Y_t|] \leqslant A\exp(-\alpha t), \forall t \geqslant 0 \tag{3-6}$$

成立，则称该多因素不确定方程是指数稳定的。

为了方便理解，给出两个数值例子说明。这两个例子分别代表了两类多因素不确定微分方程，一类是指数稳定的，另一类不是指数稳定的。

例 3.3   考虑如下的多因素不确定微分方程

$$dX_t = -X_t dt + \sigma_1 dC_{1t} + \sigma_2 dC_{2t} + \sigma_3 dC_{3t},\qquad (3-7)$$

其中 $\sigma_1 > 0$、$\sigma_2 > 0$、$\sigma_3 > 0$。

对不同初值 X_0 和 Y_0 方程的解分别为

$$X_t = \exp(-t)X_0 + \sigma_1 \exp(-t)\int_0^t \exp(s)dC_{1s} +$$

$$\sigma_2 \exp(-t)\int_0^t \exp(s)dC_{2s} + \sigma_3 \exp(-t)\int_0^t \exp(s)dC_{3s},$$

和

$$Y_t = \exp(-t)Y_0 + \sigma_1 \exp(-t)\int_0^t \exp(s)dC_{1s} +$$

$$\sigma_2 \exp(-t)\int_0^t \exp(s)dC_{2s} + \sigma_3 \exp(-t)\int_0^t \exp(s)dC_{3s}。$$

则

$$E[\,|X_t - Y_t|\,] = \exp(-t)\,|X_0 - Y_0| \leqslant A\exp(-\alpha t),\ \forall\, t \geqslant 0,$$

这里取 $A = |X_0 - Y_0|$，$\alpha = 1$。

因此，该多因素不确定微分方程是指数稳定的。

例 3.4　考虑如下的多因素不确定微分方程

$$dX_t = X_t dt + \sigma_1 dC_{1t} + \sigma_2 dC_{2t} + \sigma_3 dC_{3t},\qquad (3-8)$$

其中 $\sigma_1 > 0$、$\sigma_2 > 0$、$\sigma_3 > 0$。

由于对不同初值 X_0 和 Y_0 方程的解分别为

$$X_t = \exp(t)X_0 + \sigma_1 \exp(t)\int_0^t \exp(-s)dC_{1t} +$$

$$\sigma_2 \exp(t)\int_0^t \exp(-s)dC_{2t} + \sigma_3 \exp(t)\int_0^t \exp(-s)dC_{3t}$$

和

$$Y_t = \exp(t)Y_0 + \sigma_1 \exp(t)\int_0^t \exp(-s)dC_{1t} +$$

$$\sigma_2 \exp(t)\int_0^t \exp(-s)dC_{2t} + \sigma_3 \exp(t)\int_0^t \exp(-s)dC_{3t}。$$

因此，当 $t \to +\infty$ 时，

$$E[\,|X_t - Y_t|\,] = \exp(t)\,|X_0 - Y_0| + \infty \, 。$$

故不存在正数 A 和 α 使得

$$E[\,|X_t - Y_t|\,] \leqslant A\exp(-\alpha t), \forall t \geqslant 0$$

成立。显然，该多因素不确定微分方程不是指数稳定的。

第二节　多因素不确定股票模型稳定性的条件

一、多因素不确定微分方程的 p - 阶矩稳定性定理

若某只股票的价格可用多因素不确定微分方程描述，通过该节的推导，可得到它 p - 阶矩稳定的充分条件。

定理 3.1　对于多因素不确定微分方程

$$dX_t = f(t, X_t)dt + \sum_{i=1}^{n} g_i(t, X_t)dC_{it},$$

如果系数 $f(t,x)$ 和 $g_i(t,x)$，$i = 1, 2, \cdots, n$ 对于某些常数 L 满足线性增长条件

$$|f(t,x)| + \sum_{i=1}^{n} |g(t,x)| \leqslant L(1 + |x|), \forall x \in \Re, t \geqslant 0,$$

且满足强 Lipschitz 条件

$$|f(t,x) - f(t,y)| \leqslant L_1(t)\,|x - y, \forall x, y \in \Re, t \geqslant 0$$

$$\sum_{i=1}^{n} |g_i(t,x) - g_i(t,y)| \leqslant L_2(t)\,|x - y|, \forall x, y \in \Re, t \geqslant 0,$$

其中 L_{1t} 和 L_{2t} 满足

$$\int_0^{+\infty} L_{1t}dt < +\infty \, ,$$

$$\int_0^{+\infty} L_{2t} dt < \frac{\pi}{\sqrt{3} p},$$

那么该多因素不确定微分方程是 p – 阶矩稳定的。

　　证明： 根据 Li 等的研究可知给定任何初值，多因素不确定微分方程 (3 – 1) 有唯一解。设 X_t、Y_t 分别是满足初始条件 X_0、Y_0 的多因素不确定微分方程的解。对于任何 Lipschitz 连续样本轨道 $C_{it}(\gamma), i = 1, 2, \cdots, n$，有

$$X_t(\gamma) = X_0 + \int_0^t f\left(s, X_s(\gamma)\right) ds + \sum_{i=1}^n \int_0^t g_i\left(s, X_s(\gamma)\right) dC_{is}(\gamma)$$

和

$$Y_t(\gamma) = Y_0 + \int_0^t f\left(s, Y_s(\gamma)\right) ds + \sum_{i=1}^n \int_0^t g_i\left(s, Y_s(\gamma)\right) dC_{is}(\gamma)_\circ$$

根据强 Lipschitz 条件，可得

$$|X_t(\gamma) - Y_t(\gamma)| \leq |X_0 - Y_0| + \int_0^t |f(s, X_s(\gamma)) - f(s, Y_s(\gamma))| ds +$$

$$\sum_{i=1}^n \int_0^t \left| g_i\left(s, X_s(\gamma)\right) - g_i\left(s, Y_s(\gamma)\right) \| dC_{is}(\gamma) \right|$$

$$\leq |X_0 - Y_0| + \int_0^t |f(s, X_s(\gamma)) - f(s, Y_s(\gamma))| ds +$$

$$\int_0^t K_i(\gamma) \left| \sum_{i=1}^n \left(g_i\left(s, X_s(\gamma)\right) - g_i\left(s, Y_s(\gamma)\right) \right) \right| ds$$

$$\leq |X_0 - Y_0| + \int_0^t \left| f\left(s, X_s(\gamma)\right) - f(s, Y_s(\gamma)) \right| ds +$$

$$\int_0^t K(\gamma) \left| \sum_{i=1}^n \left(g_i\left(s, X_s(\gamma)\right) - g_i(s, Y_s(\gamma)) \right) \right| ds$$

$$\leq |X_0 - Y_0| + \int_0^t L_1 |X_s(\gamma) - Y_s(\gamma)| ds +$$

$$\int_0^t L_{2s} K(\gamma) |X_s(\gamma) - Y_s(\gamma)| ds$$

$$\leq |X_0 - Y_0| + \int_0^t \left(L_1 + L_{2s} K(\gamma) \right) |X_s(\gamma) - Y_s(\gamma)| ds,$$

其中，$K_i(\gamma)$ 是 $C_{it}(\gamma)$ 的 Lipschitz 常数，K_i 是独立的不确定变量，记

$$K(\gamma) = \bigvee_{i=1}^{n} K_i(\gamma)。$$

根据 Grönwall 不等式得

$$|X_t(\gamma) - Y_t(\gamma)| \leq |X_0 - Y_0| \exp\left(\int_0^t L_{1s}ds\right) \exp\left(K(\gamma)\int_0^t L_{2s}ds\right)$$

$$\leq |X_0 - Y_0| \exp\left(\int_0^{+\infty} L_{1s}ds\right) \exp\left(K(\gamma)\int_0^{+\infty} L_{2s}ds\right)。$$

由定理 3.1 得

$$|X_t - Y_t| \leq |X_0 - Y_0| \exp\left(\int_0^{+\infty} L_{1s}ds\right) \exp\left(K(\gamma)\int_0^{+\infty} L_{2s}ds\right)$$

和

$$M\{\gamma \in \Gamma \mid K(\gamma) \leq x\} \geq 2\left(1 + \exp\left(-\pi x / \sqrt{3}\right)^{-1}\right) - 1。$$

对两边取 p – 阶矩，有

$$E\left[|X_t - Y_t|^p\right] \leq |X_0 - Y_0|^p \exp\left(p\int_0^{+\infty} L_{1s}ds\right) E\left[\exp\left(pK\int_0^{+\infty} L_{2s}ds\right)\right],$$

$\forall t \geq 0。$

因为

$$\int_0^{+\infty} L_{1s}ds < +\infty,$$

即得

$$\exp\left(p\int_0^{+\infty} L_{1s}ds\right) < +\infty。$$

对于 $E\left[\exp\left(pK\int_0^{+\infty} L_{2s}ds\right)\right]$，为方便证明，记

$$r = \int_0^{+\infty} L_{2s}ds < \pi / \sqrt{3}p。$$

由期望值的定义可得

$$E[\exp(rpK)] = \int_0^{+\infty} M\{\exp(rpK) \geq x\}dx$$

$$= \int_0^1 M\{\exp(rpK) \geq x\}dx + \int_1^{+\infty} M\{\exp(rpK) \geq x\}dx$$

$$= 1 + \int_1^{+\infty} M\{\exp(rpK) \geqslant x\} dx$$

$$= 1 + r \int_0^{+\infty} \exp(rpy) M\{K \geqslant y\} dy$$

$$\leqslant 1 + r \int_0^{+\infty} \exp(rpy)(1 - (2(1 + \exp(-\pi x/\sqrt{3}))^{-1})) dy$$

$$= 1 + 2r \int_0^{+\infty} \exp(rpy)(1 + \exp(-\pi x/\sqrt{3}))^{-1} dy$$

$$= 1 + 2\int_1^{+\infty} 1/(1 + x^{\pi/(\sqrt{3}rp)}) dx < +\infty$$

即

$$E\left[\exp\left(pK \int_0^{+\infty} L_{2s} ds\right)\right] \leqslant 1 + 2\int_1^{+\infty} 1/\left(1 + x^{\pi/(p\sqrt{3}\int_0^{+\infty} L_{2s} ds})\right) dx < +\infty。$$

因此,有

$$\lim_{|X_0 - Y_0| \mapsto 0} E\left[\sup_{t \geqslant 0} |X_t - Y_t|^p\right] = 0, \quad p > 0,$$

故多因素不确定微分方程(3-1)是 p - 阶矩稳定的。证毕。

由于该问题较抽象,为了进一步解释证明的方法,给出一个数值算例。

例 3.5 考虑如下的多因素不确定微分方程

$$dX_t = \exp(-t)X_t dt + \exp(-t - X_t^2) dC_{1t} +$$
$$\exp(-t^2 - X_t^2) dC_{2t} + \exp(-t^2 - X_t^2) dC_{3t} \quad (3-9)$$

因为系数函数

$$f(t, x) = x\exp(-t), \quad g_1(t, x) = \exp(-t - x^2),$$
$$g_2(t, x) = \exp(-t^2 - x^2)$$

和

$$g_3(t, x) = \exp(-t^2 - x^2)$$

满足线性增长条件

$$|f(t, x)| + |g_1(t, x)| + |g_2(t, x)| + |g_3(t, x)| \leqslant 1 + |x|$$

和强 Lipschitz 条件

$$|f(t, x) - f(t, y)| + |g_1(t, x) - g_1(t, y)| +$$
$$|g_2(t, x) - g_2(t, y)| + |g_3(t, x) - g_2(t, y)|$$
$$\leq [\exp(-t) + \exp(-t^2) + \exp(-t^2) + \exp(-t^2)] |x - y|$$
$$\leq [\exp(-t) + 3\exp(-t^2)] |x - y|, \forall x, y \in \Re, t \geq 0,$$

则多因素不确定微分方程（3-9）是 p-阶矩稳定的。

注：定理 3.1 给出了多因素不确定微分方程 p-阶矩稳定的充分（非必要）条件。

下面，给出一个数值算例来说明。

例 3.6　考虑如下的多因素不确定微分方程

$$dX_t = - X_t dt + \sigma_1 dC_{1t} + \sigma_2 dC_{2t} + \sigma_3 dC_{3t}。 \tag{3-10}$$

显然，满足初始条件 X_0 和 Y_0 的解 X_t、Y_t 分别为

$$X_t = \exp(-t)X_0 + \sigma_1 \exp(-t) \int_0^t \exp(s) dC_{1s} +$$
$$\sigma_2 \exp(-t) \int_0^t \exp(s) dC_{2s} + \sigma_3 \exp(-t) \int_0^t \exp(s) dC_{3s}$$

和

$$Y_t = \exp(-t)Y_0 + \sigma_1 \exp(-t) \int_0^t \exp(s) dC_{1s} +$$
$$\sigma_2 \exp(-t) \int_0^t \exp(s) dC_{2s} + \sigma_3 \exp(-t) \int_0^t \exp(s) dC_{3s}。$$

因为

$$E |X_t - Y_t|^p = \exp(-pt) |X_0 - Y_0|^p \leq |X_0 - Y_0|^p, \forall t \geq 0,$$

该多因素不确定微分方程（3-10）是 p-阶矩稳定的。但是，方程的系数函数

$$f(x,t) = -x$$

不满足强 Lipschitz 条件。

二、线性多因素不确定微分方程的 p-阶矩稳定性定理

若某只股票的价格可用线性多因素不确定微分方程描述，通过该节的

推导，可得到它 p - 阶矩稳定的充分必要条件。

定理 3.2　假设 u_{1t}、u_{2t}、v_{it} 和 w_{it}，$i = 1$，2，$\cdots$，n 是实函数。对于线性多因素不确定微分方程

$$X_t = (u_{1t}X_t + u_{2t})dt + \sum_{i=1}^{n}(v_{it}X_t + w_{it})dC_{it},$$

当且仅当

$$\int_0^{+\infty}|u_{1t}|dt < +\infty，\int_0^{+\infty}|v_{it}|dt < \frac{\pi}{\sqrt{3}p},i = 1,2,\cdots,n \qquad (3-11)$$

时，该线性多因素不确定微分方程是 p - 阶矩稳定的。

证明： 假设初始条件 X_0 和 Y_0 的解 X_t、Y_t 分别为

$$dX_t = (u_{1t}X_t + u_{2t})dt + \sum_{i=1}^{n}(v_{it}X_t + w_{it})dC_{it}$$

和

$$dY_t = (u_{1t}Y_t + u_{2t})dt + \sum_{i=1}^{n}(v_{it}X_t + w_{it})dC_{it}。$$

则

$$d(X_t - Y_t) = [u_{1t}(X_t - Y_t)]dt + \sum_{i=1}^{n}[v_{it}(X_t - Y_t)]dC_{it}。$$

那么

$$X_t - Y_t = (X_0 - Y_0)\exp\left(\int_0^{+\infty}u_{1s}ds\right)\exp\left(\sum_{i=1}^{n}\int_0^{+\infty}v_{is}dC_{is}\right)。$$

对两边取 p - 阶矩，有

$$|X_t - Y_t|^p = |X_0 - Y_0|^p \cdot \exp\left(p\int_0^{+\infty}u_{1s}ds\right) \cdot \prod_{i=1}^{n}\exp\left(p\int_0^{+\infty}v_{is}dC_{is}\right)。$$

因此，

$$E[|X_t - Y_t|^p] = |X_0 - Y_0|^p \cdot \exp\left(p\int_0^{+\infty}u_{1s}ds\right) \cdot E\left[\prod_{i=1}^{n}\exp\left(p\int_0^{+\infty}v_{is}dC_{is}\right)\right]。$$

故该线性多因素不确定微分方程是 p - 阶矩稳定的当且仅当

$$\exp\left(p \int_0^{+\infty} u_{1s} ds \right) < +\infty \tag{3-12}$$

和

$$E\left[\prod_{i=1}^{n} \exp\left(p \int_0^{+\infty} v_{is} dC_{is} \right) \right] < +\infty, \forall t \geq 0 \, \text{。} \tag{3-13}$$

显然，不等式（3-12）等价于

$$\int_0^{+\infty} |u_{1s}| ds < +\infty \, \text{。}$$

又因为

$$p \int_0^{+\infty} v_{is} dC_{is} \sim N\left(0, p \int_0^{+\infty} v_{is} dC_{is} \right),$$

根据对数正态不确定变量的期望可知，不等式（3-13）等价于

$$\int_0^{+\infty} v_{is} dC_{is} < \frac{\pi}{\sqrt{3}p} \, \text{。}$$

定理得证。

这里给出两个数值算例进行说明，其中，一个微分方程的系数满足定理 3.2 给出的条件，另一个微分方程不满足。

例 3.7 考虑如下的线性多因素不确定微分方程

$$dX_t = \mu dt + \sigma_1 dC_{1t} + \sigma_2 dC_{2t} + \sigma_3 dC_{3t} \, \text{。} \tag{3-14}$$

由于 $u_{1t} = 0$、$v_{1t} = 0$、$v_{2t} = 0$ 和 $v_{3t} = 0$ 满足条件（3-11），该线性多因素不确定微分方程（3-14）是 p-阶矩稳定的。

例 3.8 考虑如下的线性多因素不确定微分方程

$$dX_t = X_t dt + \sigma_1 dC_{1t} + \sigma_2 dC_{2t} + \sigma_3 dC_{3t} \, \text{。} \tag{3-15}$$

因为

$$\int_0^t u_{1s} ds = +\infty$$

不满足条件，该线性多因素不确定微分方程（3-15）不是 p-阶矩稳定的。

三、多因素不确定股票模型的指数稳定性的条件

下面给出线性多因素不确定微分方程指数稳定的充分条件。

定理 3.3 假设 u_{1t}、u_{2t}、v_{it} 和 w_{it}，$i = 1$，2，$\cdots$，n 是实函数。对于线性多因素不确定微分方程

$$X_t = (u_{1t}X_t + u_{2t})dt + \sum_{i=1}^{n}(v_{it}X_t + w_{it})dC_{it},$$

当且仅当

$$\int_0^t |u_{1s}|ds < -\alpha t, \int_0^{+\infty} |v_{it}|dt < \frac{\pi}{\sqrt{3}}, i = 1,2,\cdots,n \qquad (3-16)$$

时，该线性多因素不确定微分方程是指数稳定的。

证明： 假设满足该线性多因素不确定微分方程的初始条件 X_0 和 Y_0 的解 X_t、Y_t 分别为

$$dX_t = (u_{1t}X_t + u_{2t})dt + \sum_{i=1}^{n}(v_{it}X_t + w_{it})dC_{it}$$

和

$$dY_t = (u_{1t}Y_t + u_{2t})dt + \sum_{i=1}^{n}(v_{it}X_t + w_{it})dC_{it}。$$

则

$$d(X_t - Y_t) = [u_{1t}(X_t - Y_t)]dt + \sum_{i=1}^{n}[v_{it}(X_t - Y_t)]dC_{it}。$$

那么

$$X_t - Y_t = (X_0 - Y_0)\exp\left(\int_0^{+\infty}u_{1s}ds\right)\exp\left(\sum_{i=1}^{n}\int_0^{+\infty}v_{is}dC_{is}\right)。$$

对两边取 p - 阶矩，有

$$|X_t - Y_t|^p = |X_0 - Y_0|^p \cdot \exp\left(p\int_0^{+\infty}u_{1s}ds\right) \cdot \prod_{i=1}^{n}\exp\left(p\int_0^{+\infty}v_{is}dC_{is}\right)。$$

因此，

$$E\big[\,|X_t - Y_t|^p\,\big] = |X_0 - Y_0|^p \cdot \exp\Big(p\int_0^{+\infty} u_{1s}ds\Big) \cdot E\Big[\prod_{i=1}^n \exp\Big(p\int_0^{+\infty} v_{is}dC_{is}\Big)\Big]_{\circ}$$

故该线性多因素不确定微分方程是 p – 阶矩稳定的当且仅当

$$\int_0^t u_{1s}ds < -\alpha t \tag{3-17}$$

和

$$E\Big[\prod_{i=1}^n \exp\Big(p\int_0^{+\infty} v_{is}dC_{is}\Big)\Big] < +\infty, \forall\, t \geqslant 0_{\circ} \tag{3-18}$$

因为

$$\int_0^{+\infty} v_{is}dC_{is} \sim N\Big(0, \int_0^{+\infty} v_{is}dC_{is}\Big),$$

根据对数正态不确定变量的期望可知，不等式（3 – 18）等价于

$$\int_0^{+\infty} v_{is}dC_{is} < \frac{\pi}{\sqrt{3}p}_{\circ}$$

取

$$A = |X_0 - Y_0|E\Big[\prod_{i=1}^n \exp\Big(\int_0^t v_{is}dC_{is}\Big)\Big],$$

有 $E\big[\,|X_t - Y_t|\,\big] \leqslant A\exp(-\alpha t)$。定理得证。

这里给出两个数值算例进行说明，其中一个线性多因素不确定微分方程的系数满足定理 3.3 给出的条件，另一个微分方程不满足。

例 3.9 考虑如下的线性多因素不确定微分方程

$$dX_t = (-X_t + \mu)dt + \sigma_1 dC_{1t} + \sigma_2 dC_{2t} + \sigma_3 dC_{3t}, \sigma_1 > 0, \sigma_2 > 0, \sigma_3 > 0 \tag{3-19}$$

由于 $u_{1t} = -1$、$v_{1t} = 0$、$v_{2t} = 0$ 和 $v_{3t} = 0$ 满足条件（3 – 16），该线性多因素不确定微分方程（3 – 19）是指数稳定的。

例 3.10 考虑如下的线性多因素不确定微分方程

$$dX_t = X_t dt + \sigma_1 dC_{1t} + \sigma_2 dC_{2t} + \sigma_3 dC_{3t}, \quad \sigma_1 > 0, \quad \sigma_2 > 0, \quad \sigma_3 > 0_{\circ} \tag{3-20}$$

因为

$$\int_0^t u_{1s}ds = + \infty$$

不满足条件，该线性多因素不确定微分方程（3 – 20）不是指数稳定的。

第三节 多因素不确定微分方程的稳定性对比分析

本节主要讨论多因素不确定股票模型的 p – 阶矩稳定性、指数稳定性、依均值稳定和依测度稳定之间的关系（见图 3 – 1）。

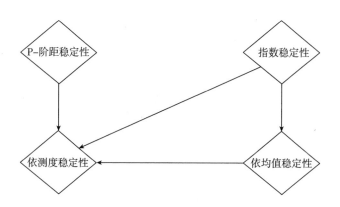

图 3 – 1 稳定性之间的关系

定理 3.4 若多因素不确定微分方程

$$dX_t = f(t, X_t)dt + \sum_{i=1}^n g_i(t, X_t)dC_{it}$$

是 p – 阶矩稳定的，那么它是依测度稳定的。

证明： 设 X_t、Y_t 是多因素不确定微分方程满足初始条件 X_0 和 Y_0 的两个不同的解，根据 p – 阶矩稳定性的定义，有

$$\lim_{|X_0 - Y_0| \mapsto 0} E\left[|X_t - Y_t|^p\right] = 0, \forall t > 0。$$

则对于任给的实数 $\varepsilon > 0$，由 Markov 不等式可以得到

$$\lim_{|X_0 - Y_0| \mapsto 0} \{|X_t - Y_t| \geqslant \varepsilon\} \leqslant \lim_{|X_0 - Y_0| \mapsto 0} \frac{E\left[|X_t - Y_t|^p\right]}{\varepsilon^p} = 0, \forall t > 0。$$

因此对于多因素不确定微分方程，由 p - 阶矩稳定性可以推出依测度稳定。

那么，由多因素不确定股票模型的 p - 阶矩稳定性，可以推出它也是依测度稳定的。但是，若多因素不确定股票模型是依测度稳定的，不能推出它是 p - 阶矩稳定的。

定理 3.5 对任意两个实数 $0 < p_1 < p_2 < +\infty$，如果一个多因素不确定微分方程是 p_2 - 阶矩稳定的，那么它是 p_1 - 阶矩稳定的。

证明： 设 X_t、Y_t 是多因素不确定微分方程满足初始条件 X_0 和 Y_0 的两个不同的解。根据 p_2 - 阶矩稳定性的定义，有

$$\lim_{|X_0 - Y_0| \mapsto 0} E\left[|X_t - Y_t|^{p_2}\right] = 0, \forall t > 0。$$

根据 Hölder 不等式，有

$$E\left[|X_t - Y_t|^{p_1}\right] = E\left[|X_t - Y_t|^{p_1} \cdot 1\right]$$

$$\leqslant \left(\frac{p_2}{p_1}\right)\sqrt{\left[|X_t - Y_t|^{p_1 \frac{p_2}{p_1}}\right]} \cdot \left(\frac{p_2}{p_2 - p_1}\right)\sqrt{\left[|X_t - Y_t|^{\frac{p_2}{p_2 - p_1}}\right]}$$

$$= \left(\frac{p_2}{p_1}\right)\sqrt{\left[|X_t - Y_t|^{p_2}\right]}, \forall t > 0。$$

因此，由多因素不确定微分方程的 p_2 - 阶矩稳定性可以推出 p_1 - 阶矩稳定性。由多因素不确定股票模型的 p_2 - 阶矩稳定性可以推出 p_1 - 阶矩稳定性。

定理 3.6 若多因素不确定微分方程

$$dX_t = f(t, X_t)dt + \sum_{i=1}^{n} g_i(t, X_t)dC_{it}$$

是指数稳定的，那么它是依均值稳定的。

证明： 设 X_t、Y_t 是多因素不确定微分方程满足初始条件 X_0 和 Y_0 的两

个不同的解。当该因素不确定微分方程是指数稳定时，根据定义 3.2，有

$$E[\,|X_t - Y_t|\,] \leqslant A\exp(-\alpha t), \forall t > 0。$$

随着 $|X_0 - Y_0| \to 0$ 时 $A \to 0$，有

$$\lim_{|X_t - Y_t| \to 0} E[\,|X_t - Y_t|\,] = 0, \forall t > 0。$$

因此对于多因素不确定微分方程，由指数稳定性可以推出依均值稳定。那么由多因素不确定股票模型的指数稳定性可以推出依均值稳定。

注：由多因素不确定微分方程的依均值稳定性不可推导出指数稳定性。多因素不确定股票模型的依均值稳定性不可推导出指数稳定性。

例 3.11　考虑如下的多因素不确定微分方程

$$X_t = X_t/(1 + t^2)dt + \sigma_1 C_{1t} + \sigma_2 C_{2t} + \sigma_3 C_{3t},$$

$$\sigma_1 > 0, \sigma_2 > 0, \sigma_3 > 0。$$

由于

$$Y_t = Y_t/(1 + t^2)dt + \sigma_1 C_{1t} + \sigma_2 C_{2t} + \sigma_3 C_{3t},$$

$$\sigma_1 > 0, \sigma_2 > 0, \sigma_3 > 0,$$

可得满足初解 $X_0 - Y_0$ 的

$$d(X_t - Y_t) = (X_t - Y_t)/(1 + t)^2 dt。$$

解方程，可得

$$|X_t - Y_t| = \exp\left(\frac{t}{1 + t}\right)|X_0 - Y_0|。$$

显然，

$$\lim_{|X_t - Y_t| \to 0} E[\,|X_t - Y_t|\,] = 0, \forall t > 0。$$

因此，该多因素不确定微分方程是依均值稳定的。然而，不存在常数 A 和 α 使得

$$E[\,|X_t - Y_t|\,] \leqslant A\exp(-\alpha t)$$

成立。因此，该多因素不确定微分方程不是指数稳定的。

定理 3.7　若多因素不确定微分方程

$$dX_t = f(t, X_t)dt + \sum_{i=1}^{n} g_i(t, X_t)dC_{it}$$

是指数稳定的，那么它是依测度稳定的。

证明： 已证由多因素不确定微分方程的指数稳定性可推导得到依均值稳定性，而已知由多因素不确定微分方程的依均值稳定性可推出依测度稳定性，显然可得多因素不确定微分方程的指数稳定性可推出依测度稳定性。证毕。

注：由多因素不确定微分方程的依测度稳定性不可推导出指数稳定性。由多因素不确定股票模型的依测度稳定性不可推导出指数稳定性。

例3.12 考虑如下的多因素不确定微分方程

$$X_t = X_t/(1 + t^2)dt + \sigma_1 C_{1t} + \sigma_2 C_{2t} + \sigma_3 C_{3t},$$

$$\sigma_1 > 0, \sigma_2 > 0, \sigma_3 > 0。$$

该方程是依均值稳定的，由定理1.17可知它是依测度稳定的。然而，它不是指数稳定的。

第四节 金融算例

近年来，众多学者一直关注股票价格模型问题。Liu于2009年首次将多因素不确定微分方程应用至不确定股票模型中，之后许多学者开展对不确定股票模型的相关性质研究中。此处给出一个数值算例，进一步说明本书研究的有效性。

例3.13 设m、a、σ和ω为实数，C_{1t}、C_{2t}是独立的Liu过程，股票价格X_t服从多因素不确定微分方程

$$dX_t = (m - aX_t)dt + \sigma dC_{1t} + \omega dC_{2t}。$$

显然，该不确定微分方程的系数$f(t, x) = (m - aX_t)$、$g_1(t, x) = \sigma$、

$g_2(t, x) = \omega$ 符合本章的定理 3.1 给出的充分条件，则该不确定微分方程是 p - 阶矩稳定的，该微分方程描述的股票模型是风险较低的。

第五节　本章小结

本章首先提出了多因素不确定股票模型的 p - 阶矩稳定性和指数稳定性的概念，分别推导出多因素不确定股票模型的 p - 阶矩稳定性的充分条件、线性多因素不确定股票模型的 p - 阶矩稳定性的充要条件、线性多因素不确定股票模型的指数稳定性的充分条件。其次分析了针对多因素不确定股票模型，p - 阶矩稳定性、指数稳定性、依测度稳定性、依均值稳定性之间的关系，得到了以下期权产品选择的决策建议：当基础股票价格的模型是 p - 阶矩稳定的，此期权产品将受到风险厌恶型投资者的喜爱；当股票模型是依均值稳定的，此期权产品将受到风险中性型投资者的喜爱；当股票模型是依测度稳定的，此期权产品风险较高，收益可能极大或极小，可将此产品推荐给风险偏好型客户。最后，通过金融数值算例形式说明了该章研究内容的有效性。

第四章　不确定指数 Ornstein – Uhlenbeck 模型下幂期权定价

　　金融衍生产品市场中标准产品包括欧式期权和美式期权。由于从交易所或交易商处可随时得到它们的价格或隐含波动率，这些产品的交易比较活跃。为了满足对冲的需要，使普通产品看起来更加诱人，新型期权（特种产品）应运而生。与标准期权相比，它们的利润较高，因此对衍生产品的交易商非常重要。

　　非线性收益期权是一种新型期权，它的收益是标的物资产价格的非线性函数。幂期权的收益是标的物资产在到期日的价格的幂函数，它是非线性收益期权的一种。因设计结构简单且风险可控，权利金较低，幂期权这种创新金融产品一经推出便广受欢迎。在 Black – Scholes 环境下，一些学者对幂期权进行了研究。1996 年，Heynen 和 Kat（1996）首次对幂期权进行了研究，其收益是期权到期日价格的多项式函数，并以抛物线期权为特例进行了探讨。2007 年，梅雨和何穗（2007）讨论了到期日不确定情况下的幂期权定价公式；同年，刘敬伟（2007）使用渐近无偏估计和隐含波动率的求解方法求解幂期权的定价，并用 Monte – Carlo 实验得到幂指数应大于 0；2009 年，赵巍和何建敏（2009）提出测度变换方法解决随机利率下的幂期权的定价问题；2012 年，Kim 等（2012）在 Heston 随机波动率模型下给出了幂期权的定价；2016 年，Zhang（2016）用不确定微分方程刻画股票价格曲线，基于不确定理论研究了不确定股票模型下幂期权的定价问题；2007 年，赵巍和何建敏（2007）讨论了股票价格服从分数 Ornstein – Uhlenbeck 模型的期权定价问题；周佰成和王建飞（2013）采用 Fabozzi 房地产金融衍生产品定价框架理论，设计出基于 Ornstein – Uhlenbeck 过程的中房指数期权，将期权定价公式应用于房地产领域。

随着幂期权在金融市场的交易量增加，对幂期权的合理定价变得越来越重要。本章在不确定理论的基础上，研究了不确定指数 Ornstein – Uhlenbeck 模型下幂期权的定价问题，并设计了期权定价的算法。最后，对影响幂期权价格的一些参数做敏感性分析。

第一节　幂期权

幂期权为持有者在一段特定时间内提供了以特定资产的某次幂的价格买入和卖出的权利，与普通期权相比更有灵活性和高杠杆性。与购买一个同等价位的标准期权相比，购买幂期权可能获得更大的收益。由于幂期权的高杠杆的特征，它受到很多投资者和交易所的关注，Macovschi 和 Quittard – Pinon（2006）介绍了德国发行的具有两次幂的外汇幂期权。截至 2021 年，幂期权的发行量远远不足以达到需求，对幂期权的定价问题进行研究对幂期权的市场推广具有重要的参考意义。

第二节　看涨幂期权

一、看涨幂期权的定价模型

在一份具有 m 次幂的看涨幂期权中，若执行价格是 K，到期时间是 T，

X_T 是标的股票 T 时刻的价格，则该幂期权的收益是

$(X_T^m - K)^+$。

考虑到货币的时间价值，该幂期权此刻的价值是

$\exp(-rT)(X_T^m - K)^+$。

令 f_{call} 表示该期权的价格，则期权持有者的净收益为

$-f_{call} + \exp(-rT)(X_T^m - K)^+$。

另外，期权发行者在 0 时刻的净收益为

$f_{call} - \exp(-rT)(X_T^m - K)^+$。

依照公平价格原理，期权的持有者和发行者有相同的期望净收益，即

$E[-f_{call} + \exp(-rT)(X_T^m - K)^+] = E[f_{call} - \exp(-rT)(X_T^m - K)^+]$。

可得幂期权的定价公式。

定义 4.1 假设一份幂期权具有 m 次幂，执行价格为 K，到期时间为 T，那么该看涨幂期权的价格为

$$f_{call} = \exp(-rT)[(X_T^m - K)^+],$$

简记为 f_c。

定理 4.1 假设股票价格服从不确定指数 Ornstein – Uhlenbeck 模型

$$\begin{cases} dX_t = \mu(1 - c\ln X_t)X_t dt + \sigma X_t dC_t \\ dY_t = rY_t dt \end{cases}$$

以该股票为标的物的幂期权具有 m 次幂，执行价格为 K，到期时间为 T，那么该看涨幂期权的价格为

$$f_c = \exp(-rT)\int_n^1 \Big(\exp\Big(m\exp(-\mu cT)\ln X_0 +$$

$$\frac{m}{c}(1 - \exp(-\mu cT))\Big(1 + \frac{\sigma\sqrt{3}}{\mu\pi}\ln\frac{\alpha}{1-\alpha}\Big)\Big) - K\Big)d\alpha \qquad (4-1)$$

其中，

$$n = \frac{e^A}{1 + e^A}, A = \frac{\mu\pi}{\sigma\sqrt{3}}\Big(\frac{c(\ln K - m\exp(-\mu cT)\ln X_0)}{m(1 - \exp(-\mu cT))} - 1\Big)。$$

证明：根据定义 1.17，可得不确定微分方程具有 α 轨道

$$dX_t^\alpha = \mu(1 - c\ln X_t^\alpha)X_t^\alpha dt + \sigma X_t^\alpha \Phi^{-1}(\alpha)dt,$$

这里 $\Phi^{-1}(\alpha)$ 是逆标准正态分布，即

$$dX_t^\alpha = \mu(1 - c\ln X_t^\alpha)X_t^\alpha dt + \sigma X_t^\alpha \frac{\sqrt{3}}{\pi}\ln\frac{\alpha}{1-\alpha}dt_\circ$$

故

$$d\ln X_t^\alpha = \left(\mu + \frac{\sigma\sqrt{3}}{\pi}\ln\frac{\alpha}{1-\alpha}\right)dt - \mu c\ln X_t^\alpha dt_\circ$$

解方程，得

$$\ln X_t^\alpha = \frac{\mu + \frac{\sigma\sqrt{3}}{\pi}\ln\frac{\alpha}{1-\alpha}}{\mu c}(1 - \exp(-\mu ct)) + \exp(-\mu ct)\ln X_{0\circ}$$

则

$$X_t^\alpha = X_0^{\exp(-\mu ct)}\exp\left(\frac{1}{c}(1 - \exp(-\mu ct))\left(1 + \frac{\sigma\sqrt{3}}{\mu\pi}\ln\frac{\alpha}{1-\alpha}\right)\right)$$

$$= \exp\left(\exp(-\mu ct)\ln X_0 + \frac{1}{c}(1 - \exp(-\mu ct))\left(1 + \frac{\sigma\sqrt{3}}{\mu\pi}\ln\frac{\alpha}{1-\alpha}\right)\right)_\circ$$

根据定理 1.11 得，

$$\Phi_T^{-1}(\alpha) = X_t^\alpha = \exp\left(\exp(-\mu ct)\ln X_0 + \frac{1}{c}(1 - \exp(-\mu ct))\left(1 + \frac{\sigma\sqrt{3}}{\mu\pi}\ln\frac{\alpha}{1-\alpha}\right)\right)_\circ$$

由定理 1.12，有

$$f_c = [J(X_t)] = \int_0^1 J(X_t^\alpha)d\alpha = \exp(-rT)\int_0^1 ((X_t^\alpha)^m - K)^+ d\alpha$$

$$= \exp(-rT)\int_0^1 \left(\exp\left(m\exp(-\mu cT)\ln X_0 + \frac{m}{c}\right.\right.$$

$$\left.\left.(1 - \exp(-\mu cT))\left(1 + \frac{\sigma\sqrt{3}}{\mu\pi}\ln\frac{\alpha}{1-\alpha}\right)\right) - K\right)^+ d\alpha_\circ$$

$$\exp\left(m\exp(-\mu cT)\ln X_0 + \frac{m}{c}(1-\exp(-\mu cT))\left(1+\frac{\sigma\sqrt{3}}{\mu\pi}\ln\frac{\alpha}{1-\alpha}\right)\right) > K,$$

有 $\alpha > n$，这里

$$n = \frac{e^A}{1+e^A}, A = \frac{\mu\pi}{\sigma\sqrt{3}}\left(\frac{c(\ln K - m\exp(-\mu cT)\ln X_0)}{m(1-\exp(-\mu cT))} - 1\right)。$$

则

$$f_c = \exp(-rT)\int_0^1\left(\exp\left(m\exp(-\mu cT)\ln X_0 + \right.\right.$$

$$\left.\left.\frac{m}{c}(1-\exp(-\mu cT))\left(1+\frac{\sigma\sqrt{3}}{\mu\pi}\ln\frac{\alpha}{1-\alpha}\right)\right) - K\right)d\alpha。$$

证毕。

二、数值实验

根据定理4.1，设计看涨幂期权的算法如下：

步骤1　设置参数 r、μ、σ、C、X_0、K、m 和 T 的值；

步骤2　设 $\alpha_i = i/N$，$i = 1, 2, \cdots, N-1$，这里 N 是一个很大的数；

步骤3　设 $i = 0$；

步骤4　令 $i \leftarrow i + 1$；

步骤5　设 $M^{\alpha_i} = 0$；

步骤6　计算

$$M^{\alpha_i} = \exp\left(m\exp(-\mu cT)\ln X_0 + \frac{m}{c}(1-\exp(-\mu cT))\left(1+\frac{\sigma\sqrt{3}}{\mu\pi}\ln\frac{\alpha}{1-\alpha}\right)\right);$$

步骤7　计算 $M^{\alpha_i} - K$；

步骤8　设 $P^{\alpha_i} = \max(0, M^{\alpha_i} - K)$，如果 $i < N-1$，返回步骤3；

步骤9　计算看涨幂期权的价格

$$f_{call} \leftarrow \exp(-rT)\frac{1}{N-1}\sum_{i=1}^{N-1}P^{\alpha_i}。$$

例 4.1 假设某看涨幂期权的无风险利率 $r = 0.08$，平均收益率 $\mu = 0.06$，波动率 $\sigma = 0.32$，$c = 1$，初始股票价格 $X_0 = 3$，执行价格 $K = 5$，幂指数 $m = 2$，期权的期限 $T = 1$。

通过 MATLAB 软件计算，该看涨幂期权的价格 $f_c \approx 5.624$。

三、期权价格的敏感性分析

定理 4.2 假设股票价格服从不确定指数 Ornstein - Uhlenbeck 模型

$$\begin{cases} dX_t = \mu(1 - c\ln X_t)X_t dt + \sigma X_t dC_t \\ dY_t = rY_t dt \end{cases}$$

以该股票为标的物的幂期权具有 m 次幂，执行价格为 K，到期时间为 T，那么该看涨幂期权的价格 f_c 有如下性质：f_c 是关于 K 的减函数；f_c 是关于 r 的减函数；f_c 是关于 X_0 的增函数；f_c 是关于 σ 的增函数；f_c 是关于 m 的增函数，这里 m 是正数。

证明：（1）通过式（4 - 1）易得该定理。

假设 $r = 0.08$，$\mu = 0.06$，$\sigma = 0.32$，$c = 1$，$X_0 = 3$，$m = 2$。令执行价格 K 从 1 变化到 10，步长为 0.001，可以得到看涨幂期权的价格变化曲线（见图 4 - 1）。

随着执行价格 K 的上涨，难以得到更大的收益，因此期权价格 f_c 下降。

（2）因为 $\exp(-rT)$ 是 r 的减函数，该定理显然可得。

假设 $K = 5$，$\mu = 0.06$，$\sigma = 0.32$，$c = 1$，$X_0 = 3$，$m = 2$，$T = 1$。令无风险利率 r 从 0 变化到 1，步长为 0.001，可以得到看涨幂期权的价格变化曲线（见图 4 - 2）。

随着无风险利率 r 的递增，看涨幂期权的价格 f_c 递减。

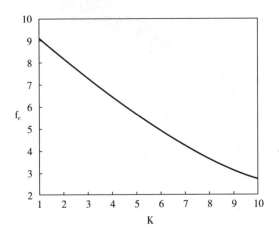

图 4 - 1 f_c 随 **K** 的变化曲线

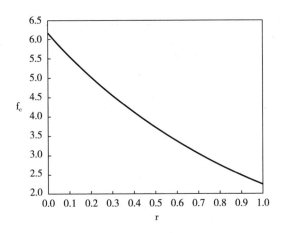

图 4 - 2 f_c 随 **r** 的变化曲线

（3）令

$$L = \exp\left(m\exp(-\mu cT)\ln X_0 + \frac{m}{c}(1 - \exp(-\mu cT))\left(1 + \frac{\sigma}{\mu}\frac{\sqrt{3}}{\pi}\ln\frac{\alpha}{1-\alpha}\right)\right),$$

则

$$f_c = \exp(-rT)\int_n^1 (L - K)\,d\alpha。$$

因为

$$\frac{dL}{dX_0} = \exp\left(\frac{m}{c}(1 - \exp(-\mu cT))\right)\left(1 + \frac{\sigma\sqrt{3}}{\mu\ \pi}\ln\frac{\alpha}{1-\alpha}\right)\right)\frac{d\ \exp(-\mu cT)\ln X_0}{dX_0}$$

$$= \exp\left(\frac{m}{c}(1 - \exp(-\mu cT))\right)\left(1 + \frac{\sigma\sqrt{3}}{\mu\ \pi}\ln\frac{\alpha}{1-\alpha}\right) - \mu cT +$$

$$\ln m + (m\ \exp(-\mu cT) - 1)\ln X_0\right) > 0_{\circ}$$

由 L 是 X_0 的增函数可得 f_c 是 X_0 的增函数。

假设 $K = 5$，$\mu = 0.06$，$\sigma = 0.32$，$c = 1$，$r = 0.08$，$m = 2$，$T = 1$。令初始价格 X_0 从 1 变化到 5，步长为 0.001，可以得到看涨幂期权的价格变化曲线（见图 4 – 3）。

随着初始价格 X_0 递增，看涨幂期权的价格 f_c 递增。

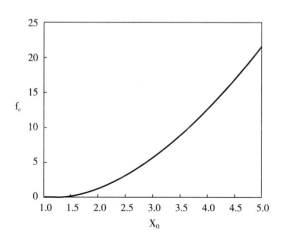

图 4 – 3　f_c 随 X_0 的变化曲线

（4）由于

$$\frac{L}{\sigma} = \exp\left(m\ \exp(-\mu cT)\ln X_0 + \frac{m}{c}(1 - \exp(-\mu cT))\left(1 + \frac{\sigma\sqrt{3}}{\mu\ \pi}\ln\frac{\alpha}{1-\alpha}\right)\right)\cdot$$

$$\frac{m\sqrt{3}}{c\mu\ \pi}(1 - \exp(-\mu cT))\ln\frac{\alpha}{1-\alpha},$$

且

$$\exp(-\mu cT) < 1,$$

$$\frac{m\sqrt{3}}{c\mu\,\pi}(1 - \exp(-\mu cT))\ln\frac{\alpha}{1-\alpha} > 0,$$

故

$$\frac{L}{\sigma} > 0,$$

由 L 是 σ 的增函数可得 f_c 是 σ 的增函数。

假设 K = 5，μ = 0.06，X_0 = 3，c = 1，r = 0.08，m = 2，T = 1。令波动率 σ 从 0 变化到 0.6，步长为 0.001，可以得到看涨幂期权的价格变化曲线（见图 4 - 4）。

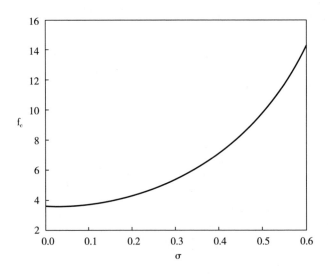

图 4 - 4　f_c 随 σ 的变化曲线

随着波动率 σ 递增，看涨幂期权的价格 f_c 递增。

（5）令

$$M = \exp(-\mu cT)\ln X_0 + \frac{m}{c}(1 - \exp(-\mu cT))\left(1 + \frac{\sigma\sqrt{3}}{\mu\,\pi}\ln\frac{\alpha}{1-\alpha}\right),$$

因为

$$\frac{L}{m} = \frac{\exp(Mm)}{m} = \exp(Mm)M > 0,$$

其中 m 是正整数。由 L 是 m 的增函数可得 f_c 是 m 的增函数。

假设 $K = 5$，$\mu = 0.06$，$X_0 = 3$，$c = 1$，$r = 0.08$，$\sigma = 0.32$，$T = 1$。令幂指数 m 从 1 变化到 3，步长为 0.001，可以得到看涨幂期权的价格变化曲线（见图 4 – 5）。

随着幂指数 m 递增，看涨幂期权的价格 f_c 递增。

证毕。

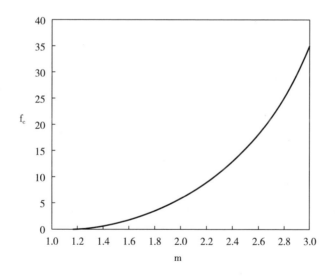

图 4 – 5　f_c 随 m 的变化曲线

第三节　看跌幂期权

一、看跌幂期权的定价模型

在一份具有 m 次幂的看跌幂期权中，若执行价格是 K，到期时间是 T，X_T 是标的股票 T 时刻的价格，则该看跌幂期权的收益是

$$(K - X_T^m)^+ 。$$

考虑到货币的时间价值，该幂期权此刻的价值是

$$\exp(-rT)(K - X_T^m)^+ 。$$

令 f_{put} 表示该期权的价格，则期权持有者的净收益为

$$-f_{put} + \exp(-rT)(K - X_T^m)^+ 。$$

另外，期权发行者在 0 时刻的净收益为

$$f_{put} - \exp(-rT)(K - X_T^m)^+ 。$$

依照公平价格原理，期权的持有者和发行者有相同的期望净收益，即

$$E[-f_{put} + \exp(-rT)(K - X_T^m)^+] = E[f_{put} - \exp(-rT)(K - X_T^m)^+]。$$

可得幂期权的定价公式。

定义 4.2　假设一份幂期权具有 m 次幂，执行价格为 K，到期时间为 T，那么该看跌幂期权的价格为

$$f_{put} = \exp(-rT)[(X_T^m - K)^+]，简记为 f_p 。$$

定理 4.3　假设股票价格服从不确定指数 Ornstein – Uhlenbeck 模型

$$\begin{cases} dX_t = \mu(1 - c\ln X_t)X_t dt + \sigma X_t dC_t \\ dY_t = rY_t dt \end{cases}$$

以该股票为标的物的幂期权具有 m 次幂，执行价格为 K，到期时间为 T，那么该看跌幂期权的价格为

$$f_p = \exp(-rT) \int_0^n \left(K - \exp\left(m \exp(-\mu cT) \ln X_0 + \right. \right.$$

$$\left. \left. \frac{m}{c}(1 - \exp(-\mu cT)) \left(1 + \frac{\sigma\sqrt{3}}{\mu\pi} \ln \frac{\alpha}{1-\alpha} \right) \right) \right) d\alpha \,。 \qquad (4-2)$$

其中，

$$n = \frac{e^A}{1 + e^A}, A = \frac{\mu\pi}{\sigma\sqrt{3}} \left(\frac{c(\ln K - m\exp(-\mu cT)\ln X_0)}{m(1 - \exp(-\mu cT))} - 1 \right)。$$

证明： 根据定理 1.11 得，

$$\Phi_T^{-1}(\alpha) = X_t^\alpha$$

$$= \exp\left(\exp(-\mu ct)\ln X_0 + \frac{1}{c}(1 - \exp(-\mu ct))\left(1 + \frac{\sigma\sqrt{3}}{\mu\pi}\ln\frac{\alpha}{1-\alpha} \right) \right)。$$

由定理 1.12，有

$$f_p = [J(X_t)] = \int_0^1 J(X_t^\alpha) d\alpha$$

$$= \exp(-rT) \int_0^1 (K - (X_t^\alpha)^m)^+ d\alpha$$

$$= \exp(-rT) \int_0^1 \left(K - \exp\left(m \exp(-\mu cT)\ln X_0 + \right. \right.$$

$$\left. \left. \frac{m}{c}(1 - \exp(-\mu cT)) \left(1 + \frac{\sigma\sqrt{3}}{\mu\pi}\ln\frac{\alpha}{1-\alpha} \right) \right) \right)^+ d\alpha,$$

令

$$\exp\left(m \exp(-\mu cT)\ln X_0 + \frac{m}{c}(1 - \exp(-\mu cT))\left(1 + \frac{\sigma\sqrt{3}}{\mu\pi}\ln\frac{\alpha}{1-\alpha} \right) \right) < K,$$

有 $\alpha < n$，这里

$$n = \frac{e^A}{1 + e^A}, A = \frac{\mu\pi}{\sigma\sqrt{3}} \left(\frac{c(\ln K - m\exp(-\mu cT)\ln X_0)}{m(1 - \exp(-\mu cT))} - 1 \right)。$$

则

$$f_p = \exp(-rT) \int_0^n \left(K - \exp\left(m \exp(-\mu cT) \ln X_0 + \right.\right.$$

$$\left.\left. \frac{m}{c}(1 - \exp(-\mu cT)) \left(1 + \frac{\sigma \sqrt{3}}{\mu \pi} \ln \frac{\alpha}{1-\alpha} \right) \right) \right) d\alpha。$$

证毕。

二、数值实验

根据定理4.2，设计看跌幂期权的算法如下：

步骤1 设置参数 r、μ、σ、C、X_0、K、m 和 T 的值；

步骤2 设 $\alpha_i = i/N$，$i = 1, 2, \cdots, N-1$，这里 N 是一个很大的数；

步骤3 设 $i = 0$；

步骤4 令 $i \leftarrow i + 1$；

步骤5 设 $M^{\alpha_i} = 0$；

步骤6 计算

$$M^{\alpha_i} = \exp\left(m \exp(-\mu cT) \ln X_0 + \frac{m}{c}(1 - \exp(-\mu cT)) \left(1 + \frac{\sigma \sqrt{3}}{\mu \pi} \ln \frac{\alpha}{1-\alpha} \right) \right);$$

步骤7 计算 $K - M^{\alpha_i}$；

步骤8 设 $P^{\alpha_i} = \max(0, K - M^{\alpha_i})$，如果 $i < N-1$，返回步骤3；

步骤9 计算看跌幂期权的价格

$$f_{put} \leftarrow \exp(-rT) \frac{1}{N-1} \sum_{i=1}^{N-1} P^{\alpha_i}。$$

例4.2 假设某看跌幂期权的无风险利率 $r = 0.08$，平均收益率 $\mu = 0.06$，波动率 $\sigma = 0.32$，$c = 1$，初始股票价格 $X_0 = 3$，执行价格 $K = 5$，幂指数 $m = 2$，期权的期限 $T = 1$。

通过 MATLAB 软件计算，该看跌幂期权的价格 $f_p \approx 3.378$。

三、期权价格的敏感性分析

定理 4.4　假设股票价格服从不确定指数 Ornstein – Uhlenbeck 模型

$$\begin{cases} dX_t = \mu(1 - c\ln X_t)X_t dt + \sigma X_t dC_t \\ dY_t = rY_t dt \end{cases}$$

以该股票为标的物的幂期权具有 m 次幂，执行价格为 K，到期时间为 T，那么该看跌幂期权的价格 f_p 有如下性质：f_p 是关于 K 的增函数；f_p 是关于 r 的减函数；f_p 是关于 X_0 的减函数；f_p 是关于 σ 的减函数；f_p 是关于 m 的减函数。

证明：（1）通过方程（4 – 2）易得该定理。

假设 $r = 0.08$，$\mu = 0.06$，$\sigma = 0.32$，$c = 1$，$X_0 = 1$，$m = 2$，$T = 1$。令执行价格 K 从 1 变化到 10，步长为 0.001，可以得到看跌幂期权的价格变化曲线（见图 4 – 6）。

随着执行价格 K 递增，看跌幂期权的价格 f_p 递增。

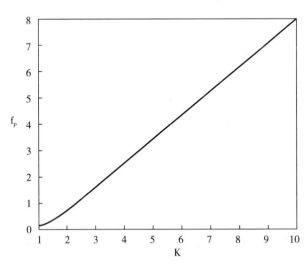

图 4 – 6　f_p 随 K 的变化曲线

（2）因为 $\exp(-rT)$ 是 r 的增函数，该定理显然可得。

假设 $K=5$，$\mu=0.06$，$\sigma=0.32$，$c=1$，$X_0=1$，$m=2$，$T=1$。令无风险利率 r 从 0 变化到 1，步长为 0.001，可以得到看跌幂期权的价格变化曲线（见图 4-7）。

随着无风险利率 r 递增，看跌幂期权的价格 f_p 递减。

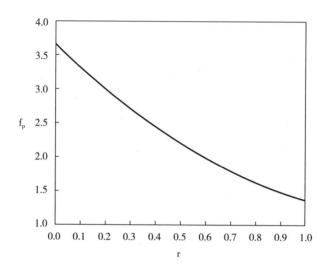

图 4-7 f_p 随 r 的变化曲线

（3）因为

$$f_p = \exp(-rT)\int_0^n (K-L)\,d\alpha, \quad \frac{dL}{dX_0} > 0,$$

由 L 是 X_0 的增函数可得 f_p 是 X_0 的减函数。

假设 $K=5$，$\mu=0.06$，$\sigma=0.32$，$c=1$，$r=0.08$，$m=2$，$T=1$。令初始价格 X_0 从 1 变化到 5，步长为 0.001，可以得到看跌幂期权的价格变化曲线（见图 4-8）。

随着初始价格 X_0 递增，看跌幂期权的价格 f_p 递减。

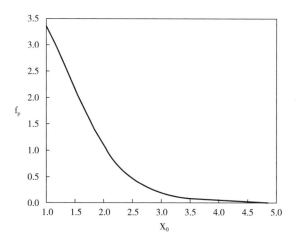

图 4 – 8　f_p 随 X_0 的变化曲线

（4）因为

$$f_p = \exp(-rT) \int_0^n (K - L)\,d\alpha, \frac{dL}{d\sigma} > 0,$$

由 L 是 σ 的增函数可得 f_p 是 σ 的减函数。

假设 K = 5，$\mu = 0.06$，$X_0 = 1$，c = 1，r = 0.08，m = 2，T = 1。令波动率 σ 从 0 变化到 1，步长为 0.001，可以得到看跌幂期权的价格变化曲线（见图 4 – 9）。

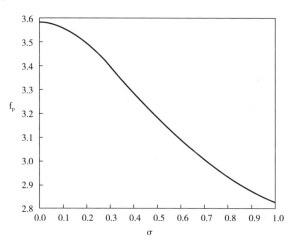

图 4 – 9　f_p 随 σ 的变化曲线

随着波动率 σ 递增，看跌幂期权的价格 f_p 递减。

（5）因为

$$\frac{dL}{dm} > 0,$$

由 L 是 m 的增函数可得 f_p 是 m 的减函数。

假设 $K = 5$，$\mu = 0.06$，$X_0 = 1$，$c = 1$，$r = 0.08$，$\sigma = 0.32$，$T = 1$。令幂指数 m 从 1 变化到 3，步长为 0.001，可以得到看跌幂期权的价格变化曲线（见图 4 - 10）。

随着幂指数 m 递增，看跌幂期权的价格 f_p 递减。

证毕。

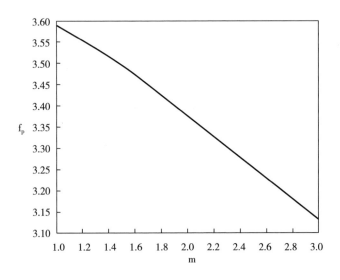

图 4 - 10　f_p 随 m 的变化曲线

第四节　金融风险管控分析

尽管金融衍生产品可以进行风险管理，但它们本身也具有一定的风险，通常可分为五种类型：一是信用风险，是指交易双方违约引起的风险；二是流动性风险，是指衍生产品持有人无法按预期出售产品的风险；三是法律风险，即衍生合同不符合法律导致持有者遭受损失的风险；四是市场风险，是指金融衍生产品所在的资产市场价格波动导致金融衍生产品价格变动不准确带来的风险；五是操作风险，是指金融衍生产品交易过程中系统运营操作带来的风险。

在大数据背景下，加剧了各种金融风险的发生，如何利用好海量数据对风险进行防控是值得深入研究的问题。

一、大数据时代下的互联网金融

在大数据时代，金融行业一直是重要的数据生产者和数据消费者。在获取大量数字信息后，如何筛选得到有效的信息，并对有效信息进行准确的处理，是金融行业亟待解决的难题，而期权定价问题更是处于旋涡的中心位置。若不能正确利用已有数据对期权定价问题进行分析处理，会使金融杠杆越来越高，导致明斯基时刻再次出现。因此，研究大数据环境下的期权定价问题对于金融风险的管控是非常必要的。

数据是形成信息的基础，一直是信息时代的象征。大数据具有体量巨大、结构复杂、类型繁多、价值密度低、商业价值高、处理要求高、处理时效快等特点，因此有人持有大数据是统计学的天敌这一观点。其实，当统计一些无线过程或数据时，统计学依然可以使用。

与传统金融相比，大数据不仅创造了新的业务处理和经营管理模式，还带来了金融服务和用户体验及产品创新的变化，对金融服务提供商的用户特征、数据需求与管理、组织结构、产品创新力来源、风险特征和信用等方面均产生了巨大影响，明显提高了金融体系的多样性，对金融监管和宏观审慎等提出了新要求。

（1）大数据迫使金融机构改变旧的组织架构。金融机构汇总的各个业务部门每时每刻都在产生大量数据。以基金公司为例，经纪业务部门管理着营业部层面的购买者海量数据；固定收益及衍生产品交易部门从世界各地收集影响价格变化的信息，并尝试预测前瞻性数据；资产管理部门实时收集购买者的行为信息从而分析购买者的风险偏好程度和潜在投资行为；研发、市场开发、客户交易、服务运营等多部门有大量隐藏数据。由于缺乏大数据分析技术和多部门合作战略，各部门难以处理不同金融市场间的关系，难以对同一个购买者的行为做出统一判断，从而阻碍了信息的及时利用。目前，已经有一些领跑企业试图打破这样的切割，共享整合企业中跨职能部门的数据。

（2）大数据打破金融机构对客户的信息垄断。往常一般是传统商业银行通过建立特殊的信息收集、分析和决策系统，解决信息不对称的困境。购买者的信用状况会由其资产等级、可流动资金和各类交易状况的变化实时更新，有助于提升金融市场的透明度。进入"互联网＋"时代后，互联网金融平台可以通过收集潜在的交易双方信息形成新的信息来源模式，使构建模型所需的信息更加精细化、透明化，使金融决策更加准确化、市场化。并且互联网金融企业在价值链中开始扮演中介角色，可以将数据作为商品进行销售，为需求者创造了巨大价值。

（3）大数据使金融决策更迅速、更灵活、更准确。虽然社交网络等平台产生了海量用户和数据，但是数据库无法自己总结规律并做出决策。目前对于大数据策略和小数据研究相结合的新途径正在探索中，金融企业也可以利用互联网对客户的行为模式进行分析，结合机器学习、小波神经网络等人工智能方法预测客户的决策，从而判断客户对新产品的反应，可以高效提高客户转化率，改善服务水平，实现精准营销。

（4）大数据使部分用户的隐私和信息安全存在问题。任何事情都有两面性，大数据也不例外。由于投资者和消费者的个人位置、购买偏好、运动健康和财务水平等信息被收集，其交易偏好、持有资产分布和信用水平被分析并以更加细致的方式被储存，信息基础设备同时变得一体化、外向化，这对用户的隐私、数据安全构成了更大的风险。

（5）大数据技术不能代替人类逻辑思考和价值判断。逻辑思维是建立在因果关系之上的反映客观现实的思维方式。价值判断是指某一特定的客体对特定的主体有无价值、有什么价值、有多大价值的判断。大数据是人类设计的产物，没有替人类做出决策的功能，更谈不上代替人类进行思考。

（6）基于大数据设计的金融产品和交易工具对金融监管造成威胁。大数据不仅改变金融市场，也改变监督管理市场的方式，从而保证市场交易者负责地使用大数据。监管机构限制或直接干预该技术的使用会造成巨大的风险，应该鼓励大数据的使用并促进数据革命的产生。

通过采集更全面、更真实、更及时的数据，大数据技术可以快速找到变量之间的相关性，为定量研究提供数据保证，并且可以挖掘背后的风险信息，帮助金融机构识别风险，改善金融决策模式，提供风险管控效率。

二、互联网金融的风险管理现状

随着互联网金融市场的蓬勃发展，在激烈的市场竞争下，互联网技术不断提高，互联网金融模式成为一个新兴朝阳产业。随之到来的是互联网金融风险问题，只有通过对互联网金融风险的有效分析，深刻地认识到互联网金融风险管理的重要作用，以风险管理工作为根本出发点，提出有针对性的措施及时予以完善和纠正，不断强化金融监督的力度，制定完善的内控制度，才能推动互联网金融业的可持续发展。

互联网金融是以互联网技术为基石展开的金融服务项目，由于互联网与传统金融体系差距较大，且具有复杂性和多样性，发生风险的概率大大提升。互联网金融的风险融合了互联网和金融两个方面，包含的风险既有外部的，也有内部的。根据业务应用类型的不同，可以将互联网金融的风险进行分类，比如信息不对称风险、道德风险、操作风险、流动性风险、系统风险、交易风险、法律风险等。针对不同的风险类型，进一步分析其产生的根本原因，控制关键点，从而更高效地控制互联网金融风险。

1. 信息不对称风险

得益于虚拟现实技术，互联网金融的虚拟分支机构和营业网点迅速扩张，虚拟金融服务迅速发展。由于所有的互联网金融业务活动都在电子信息构成的 VR 环境中进行，与传统金融服务相比，降低了诸如服务网点和物理结构等有形资产的关键性。在互联网进行金融交易时，双方可以直接通过网络进行交易而无须会面，这种交易方式虽然克服了地理空间的障碍，但是却增加了验证交易者身份信息、交易真实性的难度，提高了交易者之间身份确认、信用等级方面的信息不对称程度，导致金融风险加剧。典型的几类风险包括资金流向的信息掌控风险、放款人决策的信息风险、数据急速增长导致的信息不对称风险等。

随着资金流环节中电子商务和网络信贷的迅速发展，需要更加便捷的支付方式，产生了第三方支付平台。一方面，第三方支付企业对银行提供了零售电子商务和小额信贷的结算业务，降低了银行的销售成本；另一方面，第三方支付平台为消费者和销售者提供了多种银行卡支付方式，使买卖双方支付十分便捷。但是，第三方支付平台容易成为金融风险监管的盲区，安全风险非常大。首先，在交易过程中，只有通过第三方平台才能流转资金，资金的流入和流出虽然不能与银行的服务区分开，但是从业务本质上看，第三方支付企业办理的业务与银行结算业务基本相同，并且是不受银行控制的内部账户。其次，在借贷平台上转移资金时，资金会通过网络平台从出借人的账户转到借款人账户的。线上借贷平台往往具有即时性、匿名性、隐蔽性、混淆性等特点，使监管部门难以追踪资金流向。由于第三方支付的特殊模式，第三方支付的企业可以注册虚拟账户并在不同账户间进行转账操作。

数据量急剧增加污染了信息环境，增加了收集有效信息的成本。这一点从个人的生活中也有相同感受，手机信息中 90% 都是无效的广告信息或知识推广。造成困境的主要原因是网络信息资源具有廉价性、无限性、广泛性、共享性等特点，同时信息解读的技术不断改进增加了人们寻找和使用有效信息的难度。信息可以快速、大量地传播，并且需要验证真实性，导致金融资产价格容易受到突发信息的干扰。总而言之，信息噪音会增加金融交易的风险。

2. 道德风险

普通民众中有部分人因融资额较低或缺少收入证明，不能得到抵押担保而被排斥在资本市场融资体系和商业银行外，互联网金融的诞生使"普惠金融"得以实现。这对于小微企业的发展，以及对于有中小额贷款需求的客户具有重要意义，但也同时带来了逆向选择问题和道德风险。

市场中较为认可的是基于大数据分析的独立电商模式，发展规模较大。这种模式的贷款资金需求一般周期较短、数额较小、流动性强，互联网企业依托电商平台交易量巨大这一特点，通过数据收集与分析技术可以做到对贷款人资金去向等交易信息的实时监控，人工智能技术识别贷款人的行为特征并进行预测，对风险进行分类并量化分析，可以达到降低交易成本，提高资金的周转速度的效果，与传统商业银行相比，无须付出高昂的风险管控和线下审核成本。同时，这种模式存在两个弊端：一是如何避免贷款人恶意制造虚假交易，提高自己的信用等级；二是公民征信系统尚不够完备，无法实现不同体系、不同平台之间的信息共享，并且目前信用违约成本相对较低，还无法完全震慑和惩戒违约者。

3. 操作风险

无论是传统的金融操作还是互联网金融操作，都会由于不完善或存在问题的内部程序、人员操作、系统或外部事件造成损失，产生一定的风险。操作风险因频繁发生并产生的影响较大，越来越受到人们的关注。《新巴塞尔协议》更是对操作风险造成的损失应如何补偿做了明确的规定。大数据时代下，人为操作或系统缺陷更容易导致问题，需要企业建立完善、有效的防控系统，避免出现因信息遗失、信息拥堵导致的客户财产损失。同时，要注意防范黑客恶意攻击导致的系统瘫痪、信息泄露等危害金融机构安全和金融稳定性的外部事件。电子商务交易中第三方支付的操作风险包括黑客盗用资金和信用卡非法套现，起因是技术安全和信息的真实性。总之，互联网金融的风险与传统的金融风险本质大致相同，区别在于内部各部分的风险权重，其中由内部程序和系统所造成的损失风险比传统金融模式高，应在监管环节引起重视。

随着中小企业融资需求越来越大，传统商业银行审核制度较严格，难以满足它们的需求，使民营资本加速步入互联网金融平台。在这种换位过程中，难免因为融资机制不健全发生资金周转困难、资金链断裂等情况，造成金融体系局部不稳定，从而导致全局的震荡。传统银行作为金融中介机构的基本功能是提高资金的流动性，如果负债和资产不对称，在面临信贷风险时会失去清偿能力。如果没有存款保险制度，会引发挤兑风潮，并演化为整个银行业的恐慌，甚至导致金融体系的崩溃。在互联网金融时代，信贷服务类企业正在代替商业银行扮演中介机构的角色，在功能上弥补传统商业银行不足，还承担更难以预测的风险。因此，如果同样发生挤兑风潮时，会带来更大的恐慌。如今的金融市场、金融机构、金融工具不再简单地将数量加总，而是相互有机结合在一起，一旦某一环节发生风险，就可以将其与其他金融业务隔离，将损失降到最小，从而降低整个金融体系的脆弱性。

互联网金融与实体经济相辅相成，互联网金融不仅可以创造更加丰富的金融产品，还能促进普惠金融的完成，同时帮助中小企业筹措募集资金，使金融与实体经济的联系更加紧密，相互促进。这种促进作用一般不会表现出直接的效果，更多的是反映在间接渠道的溢出效应。金融风险产生的影响变得更加深远复杂，操作风险作为金融风险中重要的组成部分，随着技术升级和产品创新程度提高而增多。如何减少操作风险，降低对金融稳定性与实体经济的冲击，是当今必须受到关注的问题。

4. 流动性风险

互联网金融模式目前缺少对短期负债和突然的资金外流的应对经验和应对措施，流动性风险随时可能发生。从中国互联网金融模式的参与者数量看，普通投资者的数量远远大于机构投资者。而普通投资者一般是风险厌恶型，更关心本金的安全性，对互联网金融模式与机制设计缺乏关心，并且有严重的信息不对称现象，一旦有任何不利的舆论出现，普通投资者会迅速抽回资金。这种类似于银行挤兑的现象，会迅速击垮正常运行但资金链紧张的平台。

通过对互联网金融模式的四种风险进行详细分析，可以发现互联网金融风险管理存在以下不足：

（1）互联网金融中存在技术漏洞。目前，支付宝处于互联网金融支付平台的领先地位，尽管技术安全系统水平相对较高，但是仍然很难避免在实际开发中技术漏洞造成的难题。从这个角度来看，互联网金融技术的漏洞仍然需要不断改善。

（2）监管主体的权力和责任不明确。目前，我国没有专门的组织和机构进行互联网金融风险管理监督，传统的监管组织对互联网金融公司的监督不充分导致出现监管漏洞、监管权利缺失、监管区域空白等问题。在实际市场中有很多这样的例子，如监管主体管理机构和部门无明确划分导致一些互联网金融公司无障碍转型为金融技术公司，避开了监管部门的监管。

（3）行业中的自律组织和公司不具备风险管理能力。中国互联网金融协会作为互联网金融行业的自律组织，应该监督和指导互联网金融业的和谐健康发展，由于该协会成员的工作身份、社会角色不统一，监管力度不足等，没有发挥实际作用，丢失了其应负的指导和监督责任。同时，互联网金融公司过分追求利润最大化，意识上对风险管理的重视不足也使风险发生的可能性加大。

三、加强互联网金融风险管理的政策建议

互联网金融的核心主体依然是金融，互联网只是依托的载体，因此互联网金融风险包含了金融行业风险和互联网风险，两者不只是简单地叠加，而是使监管难度呈指数型上升。那么，如何对其进行监督和管理成为目前阶段重要的研究课题。

互联网金融涉及面广，一旦发生风险问题就容易对金融市场、经济环境甚至社会稳定造成严重影响。因此，加强互联网金融风险防范与监管具有重要的现实意义，是实现互联网金融健康发展的客观要求，也是保障互联网金融消费者合法权益的根本保障。

互联网金融风险防范与监管是一个系统工程，需要多管齐下，合力推进，才能达到事半功倍的效果。基于前面的论述，本章将从法律定位、互联网金融征信体系、金融消费者权益保护、自律管理和各业态监管重点五个方面提出互联网金融风险防范与监管的政策建议。

1. 法律定位方面的政策建议

明确互联网金融机构的法律定位是防范互联网金融风险的根本依据。从国外经验看，各国注重将互联网金融纳入已有的法律框架，并强调互联网金融平台必须严格遵守已有的各类法律法规。互联网金融是新兴业态，涉及互联网技术信息科技、金融管理等诸多领域。现有金融法律体系是基于传统金融制定的，对于互联网金融的业务范围、风险监管、法律责任等方面均无明确规定，甚至已有的规定中有些还制约着互联网金融的发展。随着互联网金融的兴起，银监会、证监会等机构出台了一些相关的规范性文件，对其职责范围内的互联网金融业务进行规制，但仍难以满足互联网金融快速发展和风险防控的现实需要。由于相关法律法规的缺失和不健全，部分领域互联网金融企业野蛮生长、越界经营，容易增加互联网金融风险。因此，防范互联网金融风险首先应该加大对互联网金融的立法力度，完善互联网金融发展相关的基础性法律，从法律法规层面上规范互联网金融发展。

（1）制定《互联网金融法》和出台《关于促进互联网金融稳健发展的若干意见》。以立法形式明确互联网金融的法律地位、业务范围、准入标准和监督管理主体等关键问题，为互联网金融的各参与主体提供具体化的规范引导。在此基础上，完善与互联网金融相关的消费者权益保护、网络征信管理、电子交易及电子证书、加网络密、公平竞争、金融监管等方面的立法。

（2）修订现有金融法律法规。在现有的《商业银行法》《网上银行业务管理暂行办法》《支付结算办法》《银行监督管理法》《证券法》等金融法律法规以及与互联网相关的法律法规中，不少条款已经不适应经济金融发展和互联网技术提高的需要，涉及互联网金融的条款几乎没有。要结合互联网金融特点，重点修订现有法律法规中不适应互联网金融的有关条款，纳入针对互联网金融业务的新条款，为互联网金融发展提供有效法律供给。

（3）制定互联网金融配套规章制度和行业标准。根据互联网金融的特性，在技术设施条件（如客户识别技术、身份验证技术、支付技术、系统建设和信息保护技术等）和交易操作规程等方面制定符合互联网公平交易的专门标准，明确电子签名的构成要求、提交方式以及各方的责任、义务范围，确立电子签名和电子证据的合法性。

2. 互联网金融征信体系方面的政策建议

作为一种金融创新，互联网金融本质上仍然是金融，必须遵循金融发展规律——以信用为核心，以征信体系为运行基石。事实上，互联网金融十分依赖全面准确的信用信息，综合判断交易对象的信用状况和确定交易成本基本上基于电商平台信息、社交媒体平台信息等互联网大数据。因此，要防范和降低互联网金融风险，必须加强互联网金融征信体系建设，在发展之初就前瞻性地、战略性地构建互联网金融征信体系，避免"先发展互联网金融，后治理互联网金融信用"，从我国征信体系建设和互联网金融发展实际出发，当前互联网金融征信体系建设应以完善互联网金融征信相关法律法规为保障，以推动互联网金融信用信息共享为基础，以重视互联网金融信息安全监管和信息主体权益保护为重点，以加强互联网金融失信惩戒为手段。

（1）制定互联网金融征信相关配套规章制度。互联网金融征信体系建设必须以《征信业管理条例》作为法律基础。2013年3月15日开始实施的《征信业管理条例》是我国第一部征信法规。该条例明确规范了征信活动中信用信息的提供者、使用者、征信机构的行为和责任。在此基础上，要充分考虑互联网金融环境下征信活动特征，建立健全互联网金融征信相关的配套规章制度，完善互联网金融信用评级、信息保护等征信业活动相关细则，将新型信贷平台的信贷数据等互联网金融信用信息完整纳入征信业管理范围，确保互联网金融业务中信用信息管理、披露和使用的合规性，为互联网金融征信发展营造良好的外部环境。

（2）完善互联网金融信用信息标准和信息共享机制。统一的信用信息采集、信息安全和分类管理规范标准是打破互联网金融与传统金融之间的信息壁垒、实现征信信息共享的前提条件。要支持互联网金融龙头企业依据传统金融信息标准、结合行业特点维护和扩展相关标准，制定自身的信用信息标准，条件成熟时逐步建立互联网金融行业信用信息标准；允许符合条件的互联网金融企业征信数据接入人民银行征信系统，在金融信用信息基础数据库基础上建立互联网金融征信子数据库，采集互联网金融平台产生的各类信用信息，实现互联网金融征信与传统金融征信的无缝对接和国家金融基础数据库信息在更大范围内的共享利用，帮助大众通过互联网金融获得所需的金融服务。

（3）促进信息安全发展。从互联网金融的字面意义上讲，是基于互联网技术的互联网与金融的整合，那么一旦互联网系统遭到黑客攻击，就给非法分子提供了获取信息和洗钱的机会，将对整个金融业务系统造成严重的威胁，要降低这类风险对互联网系统的安全性要求极高，推进信息安全建设工作已刻不容缓。通过强化对大数据信息的安全保护，建立安全的信息系统，聘请数据安全的服务商对大数据信息进行安全性评估，加强对企业数据操作人员的定期培训，增强风险意识，落实信息安全责任制，最终确保信息环境的安全，推进信息安全工作的建设。

（4）重视互联网金融信息安全监管和信息主体权益保护。互联网金融征信要汇集不同企业和个人的信用信息。相比于传统金融，信息安全问题在互联网金融更为突出、更为特殊，加强信息安全监管和信息主体权益保护是互联网金融征信的题中之意。要探索符合互联网金融征信特点的监管方式，重视大数据、云计算等互联网技术在互联网金融征信监管中的推广应用；明确互联网金融征信中信用数据的采集方式、范围和使用原则，严禁假借"征信"之名进行非法信息采集活动；建立互联网金融企业信息采集、使用授权和个人不良信息告知制度，避免信息过度采集、不当使用及未经授权提供给第三方；落实信息安全等级保护制度，大力推进身份认证、网站认证、电子签名及数字证书等安全认证，防止信息和数据泄露；建立多渠道的个人信息保障与救济机制，完善异议处理和侵权责任追究制度，及时受理并处理信息主体的投诉。

（5）发展多元化征信机构。多元化的征信机构是提高互联网金融征信水平的重要途径。要通过税收优惠、资金补贴等多种方式支持和鼓励民间资本进入征信领域，支持有大数据基础、有实力的互联网企业积极申请互联网征信业牌照或设立专业化数据公司，支持行业自律组织或第三方机构开发互联网金融征信平台，满足社会征信基础服务需求，提高行业的整体运行效率。支持互联网征信企业合理运用大数据、云计算等信息技术，开展数据挖掘，建立统一的信用评级模型，提供征信产品增值服务和信用评分服务，发展信用等级评估、信用资信认证和信用咨询服务等征信新业态，拓展征信服务领域和范围，积极推动社会信用体系建设。

（6）强化互联网金融失信行为惩戒。失信行为惩戒是互联网金融征信体系建设的重要内容，没有惩戒的征信体系就会没有震慑力。加强互联网金融征信体系建设必须重视和强化失信惩戒机制建设。互联网金融失信惩戒机制要以市场化惩戒机制为主，行政、司法等其他惩戒机制为辅。一方面，要完善对互联网金融失信行为的信息记录，将失信主体列入"黑名单"，在法律允许范围进行有限披露，大幅提高失信主体从事互联网金融活动的市场交易成本，影响其通过传统金融渠道进行融资，充分运用市场的手段、市场的力量让其不敢失信、失信不起。另一方面，也要利用好行政、司法等其他惩戒机制，让失信主体为其失信行为付出较高的代价，如运用行政力量限制互联网金融失信主体享受某些公共服务和奢侈服务等；对于严重的互联网金融失信行为追究民事和刑事等法律责任，对失信主体进行司法惩戒。

3. 金融消费者权益保护方面的政策建议

互联网金融消费者权益保护是互联网金融风险防范和监管的出发点和落脚点。在互联网金融中，消费者权利既包括传统意义上的权利，如人身财产安全权、公平交易权、知情权和求偿权等；也包括互联网背景下产生的新权利，如个人信息隐私权、信息安全权和数据产权等。实现互联网金融的健康可持续发展，既要开发和提供更多产品来满足金融消费者的潜在需求，更要切实维护好金融消费者（包括借款人、投资人、支付人等）在互联网金融产品消费和业务办理中的合法权益。加强互联网金融消费者权益保护要结合互联网金融风险的分布特点，从多个维度做出专门的制度安排，依法加大对利用互联网手段侵害消费者权益行为的打击力度，重点解决互联网金融中易发、高发的资金被盗、交易欺诈、信息安全得不到保障等问题。

（1）出台互联网金融消费权益保护办法。《中国人民银行法》《商业银行法》和《银行业监督管理办法》等现有法律法规均不涉及金融消费者权益保护问题，监管部门在保护互联网金融消费者权益时面临法律缺失、无法可依的尴尬处境。要积极借鉴国外的经验，制定互联网金融消费权益保护办法，从法律法规层面明确规定交易过程中的风险分配、责任承担、信息披露、消费者个人信息保护等问题，规范互联网金融产品和服务的风险与收益关系，全方位地保护互联网金融消费者的合法权益。

（2）广泛开展互联网金融消费者教育。消费者风险防范能力较弱是互联网金融案件发生的重要原因。目前，在互联网金融领域，不少购买产品和服务的消费者并不具备相应的金融专业知识，自我保护不够，不知道如何保障信息安全、资金安全、合同权利等。在互联网金融消费群体不断增大的趋势下，广泛开展互联网金融消费者教育有利于消费者了解互联网金融产品和提升互联网金融风险防范能力，增强消费者对互联网金融的信心。要在不同目标群体中开展有针对性的互联网金融消费者教育，让消费者分清互联网金融业务与传统金融业务的区别，全面认识互联网金融的性质和特点，充分揭示各种互联网金融业务和产品的潜在风险，增强消费者信息安全意识和风险识别能力。同时，明确互联网金融经营者具有开展金融教育活动的责任和义务，规制互联网金融经营者以金融消费教育为名开展商业宣传的"自益行为"。

（3）严格进行信息披露和风险提示。强制性要求互联网金融经营者对各项业务、各类产品积极进行信息披露和风险提示，防止出现夸大收益、误导销售或风险提示不充分等突出问题。在信息披露方面，以普通消费者可以理解的语言和方式，全面、详细地披露互联网金融产品和服务信息、互联网金融经营者自身情况、业务流程、各参与机构的关联关系、免责条款、有关费用等信息，及时更新产品销售进度、资金使用状况、物流变动信息；在风险提示方面，要重点提示互联网金融产品、服务的各种可能风险和发生可能性，做好将互联网金融的产品、销售及平台的业务规范，互联网金融产品的电子合同、规则及其变动情况向监管部门或行业自律组织的备案备查工作，保障消费者知情权。

（4）建立有效的互联网金融纠纷解决机制。有效的纠纷解决机制是加强互联网金融消费者权益保护的重要方面。要完善由向互联网金融经营者投诉、向行业协会投诉、向金融监管部门投诉、申请仲裁或提起诉讼等共同组成的互联网金融消费纠纷解决体系，在金融消费纠纷举证责任设定、申请强制执行及电子证据等时充分考虑互联网金融消费者的弱势地位。构建跨行业、跨区域的互联网金融消费者投诉受理平台，实行突破行业、地域限制的"平台受理、统一处置"机制，所有互联网金融提供商与消费者之间的争议与纠纷都由平台处理，交由互联网金融经营者所在地的金融监管部门分支机构统一处置，降低互联网金融纠纷双方调解成本。探索运用风险赔偿准备金、保险等手段实现互联网金融侵权补偿的方式，在制度上规定互联网金融服务提供者必须设置专门的准备金或者为每个消费者投保一定数额的保险，保障互联网金融消费者的合法权益。

4. 自律管理方面的政策建议

互联网金融机构和整个行业的自律管理是防范互联网金融风险的根本所在。互联网金融平台的管理不善极容易导致各类风险的发生和扩散。在互联网金融的自律管理中，重点要抓好内控制度建设、实行客户资金第三方存管制度和成立统一、权威的行业协会三个方面。我国互联网金融处于快速发展、监管滞后、风险高企的阶段，只有抓好互联网金融的自律管理，才能使其在健康而规范的道路上行之久远。

（1）建立健全互联网金融企业内控制度。内控制度具有"防止""发现"和"纠错"等功能，是金融业防范风险的第一道防火墙。作为一种金融创新的互联网金融一样需要内控制度来对风险进行事前防范、事中控制、事后监督和纠正。在互联网金融的发展中，内控制度缺失无疑会导致信用风险、操作风险等传统金融常见的经营风险。因此，加强内控制度建设是互联网金融防范风险的有效途径。在内控制度建设中，可以充分借鉴《商业银行内部控制指引》和《商业银行内部控制评价试行办法》，梳理各项业务活动和管理活动的特点，建立完整、全面、统一的业务流程和管理制度，科学进行风险的评估、分析和审核；合理确定各项业务活动和管理活动的风险控制点，设计标准的内部控制操作方案，保障每个工作环节的准确执行；全面系统地分析、梳理业务流程和管理活动中所涉及的不相容岗位，在重要业务处理的关键环节设置授权审批制度，形成各部门、各岗位之间相互牵制、相互监督的格局，事前防范有争议、高风险的业务。

（2）实行客户资金第三方存管制度。互联网金融的重要风险之一就是自有资金池引发的资金安全风险。在互联网金融各种业态中，大量投资者的资金沉淀在平台账户里，客户资金存在比较严重的安全隐患。由于客户资金第三方存管制度的不健全，近年来 P2P 平台导致资金安全风险的恶性事件频频发生，给整个互联网金融行业造成了严重的负面影响。实行客户资金的第三方存管制度，委托存管银行或者具有第三方托管资格的其他机构按照法律法规的要求负责客户的资金存取与资金交收，可以防止互联网金融机构进行非法集资或者商业诈骗，形成自有资金池和挪用资金池内资金，甚至携款跑路等金融风险，切实保护投资人利益以及维护金融体系稳定；同时，还可以更方便监管部门进行社会融资统计和监测分析，为进一步的监管决策和货币政策制定提供数据支撑。在实行第三方存管制度时，特别要警惕和监管"移花接木"（只是接入没有第三方资金托管业务的第三方支付公司网关）和"偷龙转凤"（只是将风险备用金而不是整个平台的客户资金在银行进行托管）这两种似是而非的现象。

（3）完善和持续改进监管体系。由于互联网金融是互联网和金融的结合体，监督其发展时有必要将互联网的特征与金融的特征相结合，在开发过程中应不断完善监管体系。互联网金融可以无形地促进金融业的发展，制定监管体系时，有必要结合互联网的特性，充分利用和发挥其优势制定有效的监管体系。互联网金融涵盖范围广泛，其新型业务不断推出，尽管出于监管目的，针对金融业务也一直不断推出法律和法规，但相关系统不够详细，监控体系不够健全。对于监管机构，创新发展速度应向互联网金融的发展速度靠近，业务模式不断适应，监测机制不断改进，保障互联网金融的发展方向与中国特色社会主义道路一致，避免偏离路线。每个新兴行业的发展都应建立对应的制度体系来监督它，互联网金融业的发展也是如此，互联网公司也应主动申请政府监管部门的监管。准入条件、结构形式、商业模式等方面是需要重点监督的方向，监管部门应制定严格的规范，并持续关注行业的发展动态，对网络金融的有效监控才能促进整个互联网金融业健康发展。

（4）发挥行业协会自律作用。从国际经验看，行业自律水平与监管强度之间具有较强的负相关关系，行业自律在互联网金融防范中发挥着重要的作用，互联网金融风险的很多突出问题都是可以通过行业自律解决的。

相比外部监管，行业自律具有作用范围更大、效果更明显的优势。当前有些地区已经成立区域性的互联网金融类自律组织，如广东互联网金融协会、中关村互联网金融行业协会等，但缺乏权威、统一的全国性自律组织。下一步，要抓紧成立"中国互联网金融协会"，充分发挥好协会在制定行业服务标准和规则、强化整个行业对各类风险的管控能力、规范从业者教育培训和资质认证等方面的自律管理作用。同时，结合互联网金融各业态的发展实际，在中国互联网金融协会下设各类专业委员会，负责各类业态的自律管理，重点针对客户身份识别、交易资金安全、合规经营、风险管理、消费者保护等方面进行约定，促进互联网金融各业态健康发展。

（5）加强内部风险控制。互联网金融业的发展不仅需要各级政府部门的外部监督，还需要加强内部风险控制，这对于企业金融机构的可持续发展非常重要，可以从以下三个方面进行分析。首先，需要建立和完善互联网金融公司的内部组织结构框架并对风险进行分层管理。目前大部分互联网金融公司在发展中的实力远远不够，自己的内部组织结构不够牢固，没有专门的风险预防机构和部门，这导致不完整的风险管理和内部控制管理，不利于企业的长期发展。其次，要完善风险管理绩效考核机制，明确风险责任分工。在互联网金融公司中，各个部门的职责被明确划分，风险责任分配给个人，这从根本上增强了员工的责任感，提高了员工主动防御风险的能力。对于承担企业风险的管理部门来说，建立风险管理绩效评估体系，并在评估职位中增加与风险控制相关的要素，以提前避免风险并减少风险发生的可能性。最后，建立企业文化时整合风险管理概念，完善相关规章制度。对于互联网金融公司，有必要严格制定风险预防控制和实际经营准则，对工作人员在实际操作中的行为实施约束并提高实施系统的效率。整合风险管理标准和法规，构建用于减少风险的模型系统，多次开展与风险管理有关的知识讲座，建立风险意识，聘请该领域的风险管理人员进行授课，同时可以引进该专业的人才，从而提高全体员工的整体素质，培养一支具有较高专业水平和较强专业能力的风险管理人才队伍,以提高风险响应能力。此外,企业领导应以身作则,继续学习风险管理的相关知识和技能,并不断扩展自己的知识,以便将其用于风险管理工作中,从而提高风险管理的质量和效率。

5. 各业态监管重点方面的政策建议

互联网金融因业态不同,风险表现形式也有差异,监管重点也应有所侧重。对互联网金融实行监管,关键是找准各种业态的风险点,有的放矢地投入监管资源,减少监管资源浪费问题的出现。

(1)第三方支付的监管重点。在准入门槛上,除了发放牌照、准入审批的硬指标外,还需要从注册资本金、运营规模、内控制度及技术条件等方面入手提高准入门槛。在运营中,将第三方支付平台纳入反洗钱监控范围,提交大额和可疑支付交易报告;对平台沉淀资金进行严格管理,严禁挪用客户备付金,严格按照计提比例提取风险准备金。在信息安全上,出台适合第三方支付平台的信息系统安全规定和评估机制,对第三方支付平台信息系统进行现场检查和客观评估相结合的安全监管,组织对第三方支付平台的安全性评级。

(2)众筹融资的监管重点。在法律定位上,尽快出台相关的法律法规,对众筹规则和流程做出明确规定,界定与P2P网络借贷、非法集资的区别;特别是要肯定股权众等的合法性,限定融资上限、最高投资人数、融资方式等指标,防止其变成非法证券活动界定;明确众筹行业的监管主体和监管制度。在准入门槛上,对股权众筹平台资质做出严格约束,对普通投资者设置投资额度上限,防止盲目投资。

在运营中,要严格监管众筹项目的风险提示和信息披露问题,奖励类众筹须披露产品质量、发货期限等奖励产品信息,股权类众筹须披露项目的融资范围、投资风险等;实行项目筹款的第三方存管制度,根据项目进展情况分批拨付,防范一次性拨款可能带来的项目无法完成风险;建立平台风险评级制度，定期向社会和投资者公布评级结果。

（3）互联网理财的监管重点。在法律定位上，明确互联网理财平台在互联网理财过程中充当的角色，对审查互联网理财机构发布的宣传信息和服务协议做出法律上的规定，严查涉嫌违规经营、超范围经营和违规公开销售私募产品等问题，以及风险提示不足、夸大宣传虚假宣传、不履行应尽责任等情况。

在运营中，严格控制互联网理财平台对接低评级货币基金的规模，强化互联网理财业务开展过程中的信息披露要求，动态跟踪监测互联网理财平台的资金动向，防范平台机构挪用客户备付金问题和集中提取资金导致的流动性风险问题；对于互联网理财业务违法违规行为，引入集体诉讼制度，使大量、小额的诉讼请求能够通过司法程序得以实现。

（4）互联网银行的监管重点。在法律方面，对已有的《中华人民共和国商业银行法》以及各种业务管理、技术指引等规定，要按照既为互联网银行留下创新空间，又能促进银行体系稳定的要求进行修订、调整；同时，尽管互联网银行在物理网点布局、运营方式、风险表现、发展思路等方面与实体银行存在不同之处，但一样要做好资本充足率、拨备、杠杆率、流动性等传统监管指标的统计检测，防范互联网银行将创新风险转嫁给社会。

在运营中，建立以功能为主的监管体制，设立专门的互联网银行监管部门负责互联网银行的日常监管，依托现代信息技术加强非现场监管力度；严格牌照外业务的审核管理，严密监控由特殊股权结构产生的不相容风险，制定与互联网银行信贷模式相对应的风险监控制度；建立网络谣言快速反应机制，严控网络谣言引发的挤兑风险。在信息安全上，完善安全技术标准和安全管理制度，明确互联网银行身份验证方式。

四、对金融风险管理的展望

随着全球经济不断加速迈入一体化，线下金融业的发展也越来越成功。在此背景下，金融风险已从自发管理转变为强制管理，金融风险管理意识普遍加强。在我国当前的金融市场中存在许多金融风险管理问题，如何从动态的发展角度提出适当的问题解决方案已成为金融领域的重点研究问题。

随着金融市场的扩大和发展，金融业的风险逐步提升。金融风险的特征是多元化、复杂化、累积化、扩张化，因此金融风险管理是一个棘手而又亟待解决的难题。当今社会，金融风险管理的目标是保持经济高速稳定发展，从中可以看出金融风险管理的重要性。金融风险不仅影响金融机构的发展，而且对整个社会产生巨大影响。在金融环境中，金融风险管理不仅必须防止风险的发生，而且必须学会在竞争中承担风险。有效的财务风险管理可以改善资本资源的合理配置。即使面对内部和外部市场环境的双重冲击，依然可以确保经济的稳定健康发展，并大大减轻金融风险所带来的压力。当前，财务风险管理中控制风险的方法很多，这些方法可以在一定程度上提高公司财务风险管理水平，使公司的发展保持稳定。但是，除了现代的风险控制方法外，必须科学分析和评估财务风险，并且必须科学设计和评估风险策略的有效性。此外，在金融风险管理领域建立现代思维方式同样重要。从意识开始，然后以意识指导行动，以提高财务风险管理水平。在风险管理思维模式中，前瞻性思维是最基本的、最重要的也是最根本的方式之一，这也是财务风险管理内涵的一部分，在我国金融风险管理的未来发展中起着至关重要的作用。

1. 现阶段我国金融风险管理状况分析

（1）金融风险意识有待提高。在当前我国金融业的发展进程中，仅有少数金融公司经历了破产，因此人们对防范金融风险的意识十分匮乏。同时，盲目追求高利息收入现象也很普遍，这也是很高的财务风险。另外，在以市场为导向的发展过程中，由于缺乏对金融风险的认识，企业盲目扩大生产经营规模，从而无形中增加了风险系数。尽管公司制定了财务风险防控体系，但没有实质性内容，相关管理部门的市场监督职能也相对薄弱。

（2）征信系统有待完善。当前，金融信贷资金的管理和监控继续按照信贷风险管理方法进行，在忽略新金融环境下市场运作问题的同时，更加关注信贷内容的管理和控制，很明显这是一个不完善的信用体系。作为不完善的内部管理体系的一部分，商业银行和其他金融机构产生了大量不良资产，因此信用风险也增加了。由于政策体制不健全，无法控制和限制金融机构的日常运作，银行的改革与发展也未能跟上市场发展的步伐，这反过来又增加了银行的不良贷款。银行不良贷款直接导致金融风险。随着风险的出现，信托公司资产的质量将大大下降，财务风险的可能性也会增加。

（3）资本市场信息透明度有待增强。当前，在我国的金融风险管理中，由于缺乏成熟的制度，资本市场信息的透明度严重不足。尽管我国在很早就发布了针对金融业的《信息披露准则》，极大地提高了信息公开水平，但仍然存在一些问题。公司信息的真实性不足，因此尚未考虑到行业市场信息的真实性和有效性，并且存在信息不对称的现象。目前，一些公司的财务信息数据缺乏客观性和真实性，内部业务信息的真实性在幕后交易和市场操纵中完全丧失了，短期内无法更好地控制。

2. 我国金融风险管理的未来发展趋势

（1）金融机构的风险意识有所提高。风险管理是降低风险的有效手段，也是个人或组织降低风险决策的一种方式。金融市场不仅限于国内市场，而且正在走向国际化。公司业务的发展需要考虑到风险管理的内容，建立科学合理的风险管理体系，制订长期发展战略计划，以确保公司的发展更加稳健。在大数据的背景下，金融服务变得越来越多样化，范围和相关渠道也越来越广泛。这也给金融业带来了更大的挑战,并且金融风险管理更加困难。在这种情况下,金融机构必须做出努力,不断增强对风险的认识和了解,并建立风险意识。只有从思想上重视风险,才能将风险管理付诸实践。同时,必须在风险预防中正确认识到一些损失问题。此外,金融机构要积极建立自己的风险预警系统,充分利用先进的互联网技术和大数据相关技术,设计风险管理系统,建立数据、管理数据库,进行统一集中的数据管理,对风险数据综合计量,以开展有针对性的风险管理工作,提高风险管理的有效性。同时,有必要不断加强对金融业务的监管,为金融发展创造良好的环境,以确保其有序健康发展,促进宏观经济的稳定运行。此外,在开展金融风险管理工作时,树立金融风险管理意识是基本出发点,创造良好的金融环境,实现金融创新。针对现阶段金融风险的实际情况,必须有针对性地采取措施,不断完善,促进金融市场的快速稳健发展,实现金融资源的合理配置和有效利用,进而促进经济发展。

（2）进一步提高金融风险管理的技术水平。在目前这一阶段,随着金融市场规模的持续增长,金融机构在复杂的内部和外部金融环境中的压力也在增加。在这种情况下,发生金融风险的可能性会增加。金融风险的特征是多元化、复杂化、累积化、扩张化,对于金融机构来说重新审视金融客户、信息安全和市场环境等是必要的。不断完善自己的风险管理,以不断适应新的金融时代风险。下面从三个角度描述如何改善金融机构的风险管理水平:第一,不断完善内部管理流程,并结合大数据的相关技术,市场的发展趋势以及相关金融信息等。为了提高评估财务风险的能力,可以求助于专业人士寻找现有的金融风险从而进行规避。第二,新时代的金融机构利用大数据技术在分析和处理数据时拥有获取财务数据的便捷渠道,必须从全局出发,形成风险管理的全局意识,学习使用 Python 等数据处理工具,同时学习使用明智和适当的分析方法来不断提高财务风险管理水平,以便高质量、高效率地进行风险管理。第三,金融风险承受能力易受外部因素影响，因此应始终坚持动态的态度识别风险并应对金融风险。可以使用动态风险价值模型（VaR）对业务部门组合的变化、市场环境的变化等进行风险的衡量。通过检验序列的平稳性，选择 VaR 模型的滞后阶数、后续分析、协整检验、格兰杰因果检验（Granger Causality Test）、脉冲响应、方差分解等步骤可以预先计算风险，从而降低风险发生的可能性，也为监管提供了相关依据，从而提高了金融风险管理水平。

（3）进一步完善金融风险管理体系。在新时代，大数据技术、人工智能技术、互联网技术、云计算技术等逐步融入金融机构的发展。从使用这些先进技术来避免金融风险可以看出，金融机构越来越重视风险管理工作，同时风险管理的技术水平也得到了显著提高，未来的金融风险管理工作将优化和完善，在促进金融业健康发展中发挥积极作用。同时，它必须与行业市场的发展以及内部和外部环境相适应，不断完善风险管理体系，优化和改进风险管理，使其更加专业化并最大限度地降低风险，规避风险。发展金融机构时建立开发管理体系，不断优化内部管理和控制工作并将其与风险管理机制结合起来，有效防范金融风险。风险管理机制贯穿整个业务流程，并在实际工作中实施。部门和职位的职责应明确并在内部进行划分，从而加强风险管理。另外，能否有效实施该制度是关键。

对金融风险管理的策略评估既是系统实施和检查效率的重要基础，也是测试该策略是否可行的有效方法。为了使系统可以更好地管理风险工作，我们必须继续加强金融风险评估，促进财务风险管理高效健康的发展。

第五节　本章小结

与以往对幂期权的定价的研究不同，本章对幂期权的定价问题在不确定理论的框架下进行，在考虑股票价格服从不确定指数 Ornstein – Uhlenbeck 模型的情形下，分别对看涨幂期权和看跌幂期权的定价问题进行了探索。通过对影响期权价格的参数进行敏感度分析，得到以下结论：随着无风险利率，初始价格，波动率和幂指数的递增，看涨幂期权的价格增大；随着执行价格递增，看涨幂期权的价格减小；随着无风险利率，初始价格，波动率和幂指数的递增，看跌幂期权的价格减小；随着执行价格递增，看跌幂期权的价格增大。

此外，对金融风险管理进行了梳理和分析。

第五章　不确定均值回复汇率模型下回望期权定价

外汇期权，又称货币期权，是指投资者向卖方支付期权费用后，按照一定的汇率在一定时期内买卖一定数量的外汇资产的期权。外汇期权的优势在于可以锁定未来汇率，提供外汇保值的作用，客户有很好的选择灵活性，当汇率变动处于有利方向时，可以从中受益。特别是对进出口业务尚未签订合约的情况，具有良好的保值效果。在中美贸易摩擦日益加剧的时代，购买外汇期权进行投资是一种很好的投资方式，可以有效地规避外汇风险。均值回复汇率是指两种货币的汇率值在一段时间内总会趋于一个均衡值，是根据购买力平价理论得到的。

回望期权的收益与期权有效期内标的物资产价格所达到的最大值或最小值有关，是新型期权的一种。这一种路径依赖期权的产生是为了保证期权持有者能以期权有效期内资产能达到的最低（最高）价格买入（卖出）资产，从而有获得更大收益的可能。

最早研究欧式回望期权的是 1979 年 Goldman、Sosin 和 Gatto（1979）发表的一篇名为《低价买入，高价卖出》的论文，揭示了回望期权的特性。Garman（1989）探索了货币回望期权的应用。1991 年，Conze 和 Viswanathan（1991）研究了美式回望期权的定价问题。1995 年，Heynen 和 Kat（1995）讨论了一种标的物资产价格为离散情况下的回望期权的定价。2008 年，王建稳和王利伟（2008）研究了服从 CEV 过程下有交易费用的回望期权的近似解。2014 年，Dai、Wong 和 Kwok（2014）研究了双币种回望期权的定价问题。

随着货币回望期权在金融市场的交易量增加，对货币回望期权的合理定价变得越来越重要。本章在不确定理论的基础上，研究了不确定均值回复汇率模型下回望期权的定价问题，并设计了期权定价的算法。最后，对影响货币期权价格的一些参数做敏感性分析。

第一节　货币回望期权

与标准期权相比，回望期权的价格比较昂贵，但是其收益更高，对投资者很有吸引力。到目前为止，货币期权的发行量远远不足以达到需求，对货币回望期权的定价问题进行研究对货币回望期权的市场推广具有重要的参考意义。

第二节　看涨货币回望期权

一、看涨货币回望期权的定价模型

在一份看涨回望货币期权中，固定的执行汇率是 K，Z_t 是标的资产在时刻 t 的汇率，则买家在到期时间 T 内买入该期权的汇率是

$$\left(\sup_{0 \leqslant t \leqslant T} Z_t - K \right)^+ 。$$

考虑到货币的时间价值，该期权此刻的价值是

$$\exp(-\mu T)\left(\sup_{0\leq t\leq T} Z_t - K\right)^+。$$

令 f_{call} 表示该期权的价格，则买家的净收益为

$$-f_{call} + \exp(-\mu T)\left(\sup_{0\leq t\leq T} Z_t - K\right)^+。$$

另外，银行在 0 时刻的净收益为

$$f_{call} - Z_0\exp(-\nu T)\left(1 - \frac{K}{\sup\limits_{0\leq t\leq T} Z_t}\right)^+。$$

依照公平价格原理，期权的持有者和发行者有相同的期望净收益，即

$$E\left[-f_{call} + \exp(-\mu T)\left(\sup_{0\leq t\leq T} Z_t - K\right)^+\right]$$

$$= E\left[f_{call} - Z_0\exp(-\nu T)\left(1 - \frac{K}{\sup\limits_{0\leq t\leq T} Z_t}\right)^+\right]。$$

可得该看涨货币回望期权的定价公式：

$$f_{call} = \frac{1}{2}\exp(-\mu T)E\left[\left(\sup_{0\leq t\leq T} Z_t - K\right)^+\right] +$$

$$\frac{1}{2}Z_0\exp(-\nu T)E\left[\left(1 - \frac{K}{\sup\limits_{0\leq t\leq T} Z_t}\right)^+\right],$$

简记为 f_c。

定理 5.1 假设某看涨货币回望期权服从不确定均值回复汇率模型

$$\begin{cases} dX_t = \mu X_t dt \\ dY_t = \nu Y_t dt \\ dZ_t = (m - aZ_t)dt + \sigma dC_t \end{cases}$$

且执行汇率为 K，到期时间为 T，那么该看涨货币回望期权的价格为

$$f_c = \frac{1}{2}\exp(-\mu T)\int_0^1 \sup_{0\leq t\leq T}(\Psi_t^{-1}(\alpha) - K)^+ d\alpha +$$

$$\frac{1}{2}Z_0\exp(-\nu T)\int_0^1 \sup_{0\leq t\leq T}\left(1 - \frac{K}{\Psi_t^{-1}(\alpha)}\right)^+ d\alpha$$

其中，

$$\Psi_t^{-1}(\alpha) = Z_0 \exp(-at) + \frac{m + \dfrac{\sigma\sqrt{3}}{\pi}\ln\dfrac{\alpha}{1-\alpha}}{a}(1 - \exp(-at))_\circ$$

证明： 通过求解方程

$$Z_t^\alpha = (m - \sigma Z_t^\alpha + \sigma\Psi_t^{-1}(\alpha))t,$$

可得 Z_t 的 α – 轨道：

$$Z_t^\alpha = Z_0 \exp(-at) + \frac{m + \sigma\Psi_t^{-1}(\alpha)}{a}(1 - \exp(-at))$$

$$= Z_0 \exp(-at) + \frac{m + \dfrac{\sigma\sqrt{3}}{\pi}\ln\dfrac{\alpha}{1-\alpha}}{a}(1 - \exp(-at))_\circ$$

根据定理 1.11，汇率 Z_t 有逆分布函数

$$\Psi_t^{-1}(\alpha) = Z_t^\alpha = Z_0 \exp(-at) + \frac{m + \dfrac{\sigma\sqrt{3}}{\pi}\ln\dfrac{\alpha}{1-\alpha}}{a},$$

又因为

$$\left(\sup_{0\leqslant t\leqslant T} Z_t - K\right)^+ = \left(\sup_{0\leqslant t\leqslant T}(Z_t - K)\right)^+ = \sup_{0\leqslant t\leqslant T}(Z_t - K)^+,$$

由定理 1.12 得，

$$\left(\sup_{0\leqslant t\leqslant T} Z_t - K\right)^+$$

的逆分布是

$$\sup_{0\leqslant t\leqslant T}(\Psi_t^{-1}(\alpha) - K)^+_\circ$$

同理，

$$\left(1 - \frac{K}{\sup_{0\leqslant t\leqslant T} Z_t}\right)^+$$

的逆分布是

$$\sup_{0\leqslant t\leqslant T}\left(1 - \frac{K}{\Psi_t^{-1}(\alpha)}\right)^+_\circ$$

因此，

$$f_c = \frac{1}{2}\exp(-\mu T)\int_0^1 \sup_{0 \leqslant t \leqslant T} \left(\Psi_t^{-1}(\alpha) - K\right)^+ d\alpha +$$

$$\frac{1}{2}Z_0\exp(-\nu T)\int_0^1 \sup_{0 \leqslant t \leqslant T} \left(1 - \frac{K}{\Psi_t^{-1}(\alpha)}\right)^+ d\alpha = \frac{1}{2}\exp(-\mu T)\int_0^1$$

$$\sup_{0 \leqslant t \leqslant T} \left(Z_0\exp(-at) + \frac{m + \frac{\sigma\sqrt{3}}{\pi}\ln\frac{\alpha}{1-\alpha}}{a}(1 - \exp(-at)) - K\right)^+ d\alpha +$$

$$\frac{1}{2}Z_0\exp(-\nu T)\int_0^1 \sup_{0 \leqslant t \leqslant T}\left(1 - \frac{K}{Z_0\exp(-at) + \frac{m + \frac{\sigma\sqrt{3}}{\pi}\ln\frac{\alpha}{1-\alpha}}{a}(1 - \exp(-at))}\right)^+ d\alpha。$$

证毕。

二、数值实验

根据定理 5.1 设计看涨货币回望期权的算法如下：

步骤 1　设置初始参数值 $K = 4$，$Z_0 = 5$，$\mu = 0.05$，$\nu = 0.04$，$\sigma = 0.1$，$T = 1$，$m = 6$，$a = 1$；

步骤 2　设 $\alpha_i = i/N$，$t_j = jT/M$，$i = 1, 2, \cdots, N-1$，$j = 1, 2, \cdots$，M，这里 N、M 是很大的数；

步骤 3　设 $i = 0$，$j = 0$；

步骤 4　令 $i \leftarrow i + 1$；

步骤 5　令 $j \leftarrow j + 1$；

步骤 6　设 $P_{t_0}^{\alpha_i} = 0$；

步骤 7　计算 t_j 时刻的价格

$$P_{t_j}^{\alpha_i} = \Psi_{t_j}^{-1}(\alpha) = Z_0\exp(-at_j) + \frac{m + \frac{\sigma\sqrt{3}}{\pi}\ln\frac{\alpha_i}{1-\alpha_i}}{a}\left(1 - \exp(-at_j)\right);$$

若 $P_{t_j}^{\alpha_i} > P_{t_{j-1}}^{\alpha_i}$ 且 $j < M$，返回步骤 4，若 $P_{t_j}^{\alpha_i} \geqslant P_{t_{j-1}}^{\alpha_i}$ 且 $j = M$，返回步骤 8；

步骤 8　令 $P_{t_j}^{\alpha_i} \leftarrow P_{t_{j-1}}^{\alpha_i}$，若 $j < M$，返回步骤 4；

步骤 9　计算 $P_{t_j}^{\alpha_i} - K$，$1 - \dfrac{K}{P_{t_j}^{\alpha_i}}$；

步骤 10　令 $P^{\alpha_i} \leftarrow \max\left(0, P_{t_j}^{\alpha_i} - K\right)$，$Q^{\alpha_i} \leftarrow \max\left(0, 1 - \dfrac{K}{P_{t_j}^{\alpha_i}}\right)$，若 $i < N - 1$，

返回步骤 2；

步骤 11　计算看涨货币回望期权的价格

$$f_c \leftarrow \frac{1}{2}\exp(-\mu T)\frac{1}{N-1}\sum_{i=1}^{N-1}P^{\alpha_i} + \frac{1}{2}Z_0\exp(-\nu T)\frac{1}{N-1}\sum_{i=1}^{N-1}Q^{\alpha_i}。$$

例 5.1　假设某看涨货币回望期权的初始汇率值 $Z_0 = 5$，国内的无风险利率 $\mu = 0.05$，国外的无风险利率 $\nu = 0.04$，波动率 $\sigma = 0.1$，执行价格 $K = 4$，期权的期限 $T = 1$，$m = 6$，$a = 1$。

通过 MATLAB 软件计算，该看涨货币回望期权的价格 $f_c \approx 1.4719$。

三、期权价格的敏感性分析

定理 5.2　假设某看涨货币回望期权服从不确定均值回复汇率模型

$$\begin{cases} dX_t = \mu X_t dt \\ dY_t = \nu Y_t dt \\ dZ_t = (m - aZ_t)dt + \sigma dC_t \end{cases}$$

且执行价格为 K，到期时间为 T，那么该看涨货币回望期权的价格 f_c 有如下性质：

f_c 是关于 Z_0 的增函数；f_c 是关于 K 的减函数；f_c 是关于 μ 的减函数；f_c 是关于 ν 的减函数。

证明：（1）因为

$$\frac{df_c}{dZ_0} = \frac{1}{2}\exp(-\mu T)\int_0^1 \sup_{0 \leqslant t \leqslant T}\exp(-at)d\alpha +$$

$$\frac{1}{2}\exp(-\nu T)\int_0^1 \sup_{0\leqslant t\leqslant T}\left(1-\frac{K}{\Psi_t^{-1}(\alpha)}\right)^+ d\alpha +$$

$$\frac{1}{2}Z_0\exp(-\nu T)\int_0^1 \sup_{0\leqslant t\leqslant T}\left(\frac{K\exp(-at)}{\Psi_t^{-1}(\alpha)^2}\right)d\alpha > 0,$$

显然，f_c 是 Z_0 的增函数。

假设其他参数不变，初值的汇率值 Z_0 从 0 变化到 6，步长为 0.001，可以得到看涨货币回望期权的价格变化曲线（见图 5 – 1）。

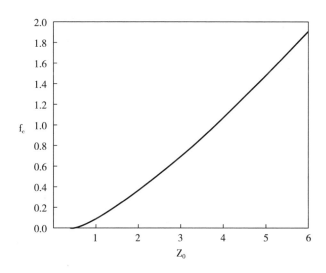

图 5 – 1　f_c 随 Z_0 的变化曲线

随着初始汇率值 Z_0 递增，看涨货币回望期权的价格 f_c 递增。

（2）因为

$$\frac{df_c}{dK} = -\frac{1}{2}\exp(-\mu T) - \frac{1}{2}Z_0\exp(-\nu T)\int_0^1 \sup_{0\leqslant t\leqslant T}\left(\frac{1}{\Psi_t^{-1}(\alpha)}\right)d\alpha < 0,$$

故 f_c 是 K 的减函数。

假设其他参数不变，执行汇率 K 从 3 变化到 6，步长为 0.001，可以得到看涨货币回望期权的价格变化曲线（见图 5 – 2）。

随着执行汇率 K 递增，看涨货币回望期权的价格 f_c 递减。

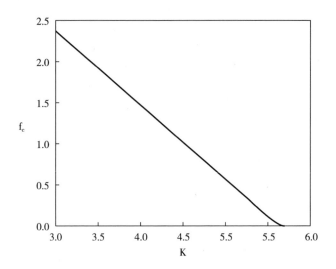

图 5 - 2　f_c 随 K 的变化曲线

（3）因为

$$\frac{\mathrm{d}f_c}{\mathrm{d}\mu} = -\frac{T}{2}\exp(-\mu t)\int_0^1 \sup_{0\leq t\leq T}\left(\Psi_t^{-1}(\alpha) - K\right)^+ \mathrm{d}\alpha < 0,$$

故 f_c 是 μ 的减函数。

假设其他参数不变，国内无利息利率 μ 从 0 变化到 1，步长为 0.001，可以得到看涨货币回望期权的价格变化曲线（见图 5 - 3）。

随着国内无利息利率 μ 递增，看涨货币回望期权的价格 f_c 递减。

（4）因为

$$\frac{\mathrm{d}f_c}{\mathrm{d}\nu} = -\frac{T}{2}\exp(-\nu t)\int_0^1 \sup_{0\leq t\leq T}\left(1 - \frac{K}{\Psi_t^{-1}(\alpha)}\right)^+ \mathrm{d}\alpha < 0,$$

故 f_c 是 ν 的减函数。

假设其他参数不变，国外无利息利率 ν 从 0 变化到 1，步长为 0.001，可以得到看涨货币回望期权的价格变化曲线（见图 5 - 4）。

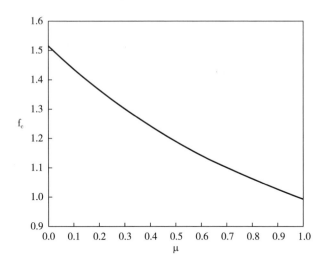

图 5 - 3　f_c 随 μ 的变化曲线

随着国外无利息利率 ν 递增，看涨货币回望期权的价格 f_c 递减。

证毕。

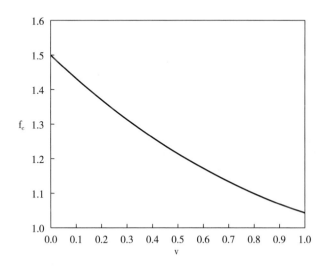

图 5 - 4　f_c 随 ν 的变化曲线

第三节　看跌货币回望期权

一、看跌货币回望期权的定价模型

在一份看跌货币回望期权中，固定的执行汇率是 K，Z_t 是标的资产在时刻 t 的汇率，则买家在到期时间 T 内买入该期权的汇率是

$$\left(K - \inf_{0 \leqslant t \leqslant T} Z_t \right)^+ 。$$

考虑到货币的时间价值，该期权此刻的价值是

$$\exp(-\mu T) \left(K - \inf_{0 \leqslant t \leqslant T} Z_t \right)^+ 。$$

令 f_{put} 表示该期权的价格，则买家的净收益为

$$-f_{put} + \exp(-\mu T) \left(K - \inf_{0 \leqslant t \leqslant T} Z_t \right)^+ 。$$

另外，银行在 0 时刻的净收益为

$$f_{put} - Z_0 \exp(-\nu T) \left(\frac{K}{\inf_{0 \leqslant t \leqslant T} Z_t} - 1 \right)^+ 。$$

依照公平价格原理，期权的持有者和发行者有相同的期望净收益，即

$$E\left[-f_{put} + \exp(-\mu T) \left(K - \inf_{0 \leqslant t \leqslant T} Z_t \right)^+ \right]$$

$$= E\left[f_{put} - Z_0 \exp(-\nu T) \left(\frac{K}{\inf_{0 \leqslant t \leqslant T} Z_t} - 1 \right)^+ \right] 。$$

可得该看涨货币回望期权的定价公式：

$$f_{put} = \frac{1}{2} \exp(-\mu T) E\left[\left(K - \inf_{0 \leqslant t \leqslant T} Z_t \right)^+ \right] +$$

$$\frac{1}{2}Z_0\exp(-\nu T)\,E\Big[\Big(\frac{K}{\inf\limits_{0\leq t\leq T}Z_t}-1\Big)^+\Big],$$

简记为 f_p。

定理 5.3 假设某看跌货币回望期权服从不确定均值回复汇率模型

$$\begin{cases} dX_t = \mu X_t dt \\ dY_t = \nu Y_t dt \\ dZ_t = (m - aZ_t)dt + \sigma dC_t \end{cases}$$

且执行价格为 K，到期时间为 T，那么该看涨货币回望期权的价格为

$$f_p = \frac{1}{2}\exp(-\mu T)\int_0^1 \inf\limits_{0\leq t\leq T}(K - \Psi_t^{-1}(\alpha))^+\,d\alpha +$$

$$\frac{1}{2}Z_0\exp(-\nu T)\int_0^1 \inf\limits_{0\leq t\leq T}\Big(\frac{K}{\Psi_t^{-1}(\alpha)}-1\Big)^+\,d\alpha$$

其中，

$$\Psi_t^{-1}(\alpha) = Z_0\exp(-at) + \frac{m + \frac{\sigma\sqrt{3}}{\pi}\ln\frac{\alpha}{1-\alpha}}{a}(1 - \exp(-at))。$$

证明： 已知汇率值 Z_t 有逆分布函数

$$\Psi_t^{-1}(\alpha) = Z_t^\alpha = Z_0\exp(-at) + \frac{m + \frac{\sigma\sqrt{3}}{\pi}\ln\frac{\alpha}{1-\alpha}}{a},$$

又因为

$$(K - \inf\limits_{0\leq t\leq T}Z_t)^+ = (\inf\limits_{0\leq t\leq T}(K - Z_t))^+ = \inf\limits_{0\leq t\leq T}(K - Z_t)^+,$$

则

$$\Big(K - \inf\limits_{0\leq t\leq T}Z_t\Big)^+$$

的逆分布是

$$\inf\limits_{0\leq t\leq T}(K - \Psi_t^{-1}(\alpha))^+。$$

同理，

$$\left(\frac{K}{\inf\limits_{0\leqslant t\leqslant T}Z_t}-1\right)^+$$

的逆分布是

$$\inf\limits_{0\leqslant t\leqslant T}\left(\frac{K}{\Psi_t^{-1}(\alpha)}-1\right)^+。$$

因此，

$$f_p=\frac{1}{2}\exp(-\mu T)\int_0^1\inf\limits_{0\leqslant t\leqslant T}(K-\Psi_t^{-1}(\alpha))^+d\alpha+$$

$$\frac{1}{2}Z_0\exp(-\nu T)\int_0^1\inf\limits_{0\leqslant t\leqslant T}\left(\frac{K}{\Psi_t^{-1}(\alpha)}-1\right)^+d\alpha$$

$$=\frac{1}{2}\exp(-\mu T)\int_0^1\inf\limits_{0\leqslant t\leqslant T}\left(K-Z_0\exp(-at)-\frac{m+\frac{\sigma\sqrt{3}}{\pi}\ln\frac{\alpha}{1-\alpha}}{a}(1-\exp(-at))\right)^+$$

$$d\alpha+\frac{1}{2}Z_0\exp(-\nu T)\int_0^1$$

$$\inf\limits_{0\leqslant t\leqslant T}\left(\frac{K}{Z_0\exp(-at)+\frac{m+\frac{\sigma\sqrt{3}}{\pi}\ln\frac{\alpha}{1-\alpha}}{a}(1-\exp(-at))}-1\right)^+d\alpha。$$

证毕。

二、数值实验

根据定理 5.3 设计看跌货币回望期权的算法如下：

步骤 1　设置初始参数值 K = 5，Z_0 = 4，μ = 0.05，ν = 0.04，σ = 0.1，T = 1，m = 6，a = 1；

步骤 2　设 α_i = i/N，t_j = jT/M，i = 1，2，…，N − 1，j = 1，2，…，M，这里 N、M 是很大的数；

步骤 3　设 i = 0，j = 0；

步骤 4　令 i←i + 1；

步骤 5　令 $j \leftarrow j+1$；

步骤 6　设 $P_{t_0}^{\alpha_i} = K$；

步骤 7　计算 t_j 时刻的价格

$$P_{t_j}^{\alpha_i} = \Psi_{t_j}^{-1}(\alpha) = Z_0 \exp(-at_j) + \frac{m + \frac{\sigma\sqrt{3}}{\pi}\ln\frac{\alpha_i}{1-\alpha_i}}{a}(1 - \exp(-at_j)),$$

若 $P_{t_j}^{\alpha_i} \leqslant P_{t_{j-1}}^{\alpha_i}$ 且 $j < M$，返回步骤 4，若 $P_{t_j}^{\alpha_i} \leqslant P_{t_{j-1}}^{\alpha_i}$ 且 $j = M$，返回步骤 8；

步骤 8　令 $P_{t_j}^{\alpha_i} \leftarrow P_{t_{j-1}}^{\alpha_i}$，若 $j < M$，返回步骤 4；

步骤 9　计算 $K - P_{t_j}^{\alpha_i}$，$\dfrac{K}{P_{t_j}^{\alpha_i}} - 1$；

步骤 10　令

$$P^{\alpha_i} \leftarrow \max\left(0, K - P_{t_j}^{\alpha_i}\right), Q^{\alpha_i} \leftarrow \max\left(0, \frac{K}{P_{t_j}^{\alpha_i}} - 1\right)，若 i < N-1，返回步骤 2；$$

步骤 11　计算看涨货币回望期权的价格

$$f_c \leftarrow \frac{1}{2}\exp(-\mu T)\frac{1}{N-1}\sum_{i=1}^{N-1}P^{\alpha_i} + \frac{1}{2}Z_0\exp(-\nu T)\frac{1}{N-1}\sum_{i=1}^{N-1}Q^{\alpha_i}。$$

例 5.2　假设某看跌货币回望期权的初始汇率值 $Z_0 = 4$，国内的无风险利率 $\mu = 0.05$，国外的无风险利率 $\nu = 0.04$，波动率 $\sigma = 0.1$，执行价格 $K = 5$，期权的期限 $T = 1$，$m = 6$，$a = 1$。

通过 MATLAB 软件计算，该看涨货币回望期权的价格 $f_p \approx 0.9595$。

三、期权价格的敏感性分析

定理 5.4　假设某看跌货币回望期权服从不确定均值回复汇率模型

$$\begin{cases} dX_t = \mu X_t dt \\ dY_t = \nu Y_t dt \\ dZ_t = (m - aZ_t)dt + \sigma dC_t \end{cases}$$

且执行价格为 K，到期时间为 T，那么该看涨货币回望期权的价格 f_p 有如下性质：f_p 是关于 K 的增函数；f_p 是关于 Z_0 的减函数；f_p 是关于 μ 的减函数；f_p 是关于 ν 的减函数。

证明：（1）因为

$$\frac{df_p}{dK} = \frac{1}{2}\exp(-\mu T) + \frac{1}{2}Z_0\exp(-\nu T)\int_0^1 \inf_{0 \leqslant t \leqslant T}\left(\frac{1}{\Psi_t^{-1}(\alpha)}\right)d\alpha > 0,$$

故 f_p 是 K 的增函数。

假设其他参数不变，执行汇率 K 从 3 变化到 6，步长为 0.001，可以得到看跌货币回望期权的价格变化曲线（见图 5-5）。

随着执行价格 K 递增，看跌货币回望期权的价格 f_p 递增。

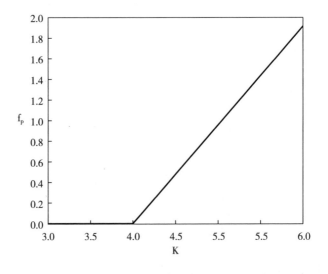

图 5-5　f_p 随 K 的变化曲线

（2）假设其他参数不变，初值的汇率值 Z_0 从 3 变化到 6，步长为 0.001，可以得到看跌货币回望期权的价格变化曲线（见图 5-6）。

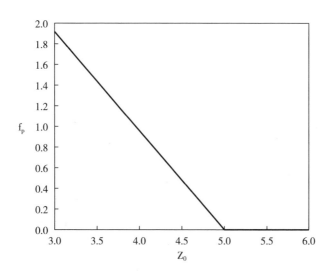

图 5 - 6 f_p 随 Z_0 的变化曲线

随着初值汇率值 Z_0 递增,看跌货币回望期权的价格 f_p 递减。

(3) 因为

$$\frac{df_p}{d\mu} = -\frac{T}{2}\exp(-\mu t)\int_0^1 \inf_{0 \leqslant t \leqslant T}(K - \Psi_t^{-1}(\alpha))^+ d\alpha < 0,$$

故 f_p 是 μ 的减函数。

假设其他参数不变,国内无利息利率 μ 从 0 变化到 1,步长为 0.001,可以得到看跌货币回望期权的价格变化曲线(见图 5 - 7)。

随着国内无利息利率 μ 递增,看跌货币回望期权的价格 f_p 递减。

(4) 因为

$$\frac{df_p}{d\nu} = -\frac{T}{2}\exp(-\nu t)\int_0^1 \inf_{0 \leqslant t \leqslant T}\left(\frac{K}{\Psi_t^{-1}(\alpha)} - 1\right)^+ d\alpha < 0,$$

故 f_p 是 ν 的减函数。

假设其他参数不变,国外无利息利率 ν 从 0 变化到 1,步长为 0.001,可以得到看跌货币回望期权的价格变化曲线(见图 5 - 8)。

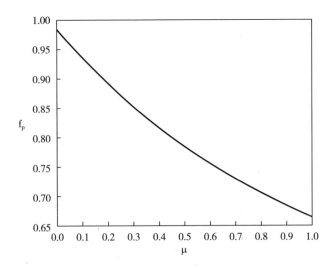

图 5 - 7　f_p 随 μ 的变化曲线

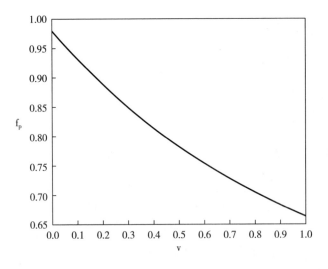

图 5 - 8　f_p 随 ν 的变化曲线

随着国外无利息利率 ν 递增，看跌货币回望期权的价格 f_p 递减。证毕。

第四节　本章小结

之前有关回望期权定价的研究已经有很多，但这些研究都是在随机金融模型的基础上进行的，本章首次在不确定理论的框架下对货币回望期权进行研究。考虑不确定均值回复汇率模型下货币回望期权的定价问题，分别求出相应的看涨货币回望期权和看跌货币回望期权的定价公式，并设计期权定价的算法。最后，对影响货币回望期权价格的一些参数进行敏感性分析，得到以下结论：随着初始汇率值的递增，看涨货币回望期权的价格增大；随着执行价格和国内外无风险利率的递增，看涨货币回望期权的价格减小；随着执行价格的递增，看跌货币回望期权的价格增大；随着初始汇率值和国内外的无风险利率递增，看跌货币回望期权的价格减小。

第六章 不确定环境下金融风险溢出及预警

第一节 中国东方航空衍生品亏损案例介绍

一、案例描述

为了对抗国际原油价格持续上涨造成的燃油成本上涨的风险，2008 年 6 月，中国东方航空（以下简称东航）在国际市场上签订了一系列的航空燃油套期保值期权合约，共计 55 份，对手方为多家国际知名投行。合约内容具体如下：

（1）当国际航油价格在 62～150 美元范围内时，东航可以以最高 150 美元/桶的价格购买航空燃油，总计 1135 万桶。此合约的套期保值数量即为 1135 万桶航空燃油。在合约到期日时，东航可以根据当时燃油价格选择是否以行权价（150 美元/桶）购买航空燃油，对手方无权干涉。

作为该期权合约的买方，东航需要向对手方支付期权费，具体的期权费协议为：航油价格每上升 10 美元/桶，东航需要向对手方支付 1.4 美元/桶的期权费。合约到期日如果东航未购买约定的航空燃油，期权费则以当日原油价格与行权价的实际价差支付。

（2）东航以不低于 62 美元/桶的价格购买对手方的航空燃油，总计 1135 万桶。此合约的套期保值数量即为 1135 万桶航空燃油。在合约到期日时，对手方可以根据当时燃油价格选择是否以行权价（62 美元/桶）购买航空燃油，东航无权干涉，必须接受。作为该期权合约的卖方，东航可以获得期权费。

（3）东航以最高 200 美元/桶的价格向对手方出售的航空燃油，总计 300 万桶。此合约的套期保值数量即为 300 万桶航空燃油。在合约到期日时，对手方可以根据当时燃油价格选择是否以行权价（200 美元/桶）购买航空燃油，东航无权干涉，必须接受。

2008 年 7 月，美国爆发了次贷危机，进而发展成为影响全球范围的经济危机。受到多方面不利因素影响，国际油价呈现断崖式暴跌，国际原油期货交易市场中 WTI 的价格由 7 月的 145.2 美元跌至 12 月的 44.61 美元，国际原油价格的下降使国际航空燃油的价格也直线下降，导致东航在衍生产品合约上持续亏损。截至 2008 年 12 月 31 日，东航期权套期保值合约亏损达 62 亿元。

二、应对措施

（1）东航于 2008 年 11 月 12 日和 12 月 30 日接连发布两则《中国东航股份有限公司关于航油套期保值业务的提示性公告》。公告指出，随着全球金融危机的进一步加剧，国际油价持续震荡下行，2008 年 10 月 31 日纽约 WTI 原油期货的收盘价为 67.81 美元/桶，11 月 30 日的收盘价为 54.37 美元/桶。由于当年 12 月国际原油的价格持续下降，东航的航油套期保值合约的公允价值损失进一步扩大。

但是，这两则公告并未将东航的套期保值合约以公允价值计量的实际损失披露，只是在 2008 年 12 月 30 日的提示性公告中称该公司 11 月当期的套期保值合约实际交割损失约为 42 万美元，且该规模金额的赔付并不会对公司的现金流造成巨大不利影响。东航 2008 年衍生产品套期保值合约实际损失约为 62 亿元。

（2）2009 年 1 月，中央审计署对全国范围内 20 多家央企进行摸底，其中包括东航，2009 年 2 月对其金融衍生业务出具调查报告。

（3）2009 年 4 月，中国东航股份有限公司与国际投资银行进行谈判甚至不排除通过法律诉讼，以重组此前与他们签订的投机性航油期权衍生产品合约，来减少账面亏损。而此前东航一直将 2008 年 6 月签订的衍生产品协议定义为套期保值。

（4）由于在金融衍生产品协议中产生了巨额亏损，2008 年东航资产负债比率达到了 115%，呈现出资不抵债的局面，东航面临破产风险，为了防止出现一系列不良后果，中央政府向东航紧急注资 70 亿元，帮助东航扭转亏损局面，至此，东航衍生产品巨亏案暂时告一段落。

三、亏损案例分析

东航衍生产品巨亏案的核心是东航与投行之间签订的期权套期保值条约，下面笔者对条约的内容进行进一步分析，东航签订的期权条约概括下来包含以下三个合约：

合约 1：看涨期权多头合约，即东航在国际航油价格超过 150 美元/桶时仍能以 150 美元/桶的成本购进合约规定数量的航空燃油。

上文分析得出东航的燃油成本风险有必要通过金融衍生产品进行对冲，而看涨期权在航油价格上升时变成实值期权，可以在一定程度上弥补成本上涨的损失，起到套期保值的作用。东航签订该合约，说明东航预期航油价格在未来会超过 150 美元/桶。

合约 2：看跌期权空头，东航在国际航油价格跌破 62 美元/桶时仍以 62 元/桶的价格购进合约规定数量的航空燃油。

当航油价格超过 62 美元/桶时，对手方不会行权，东航可以赚取期权费。该合约不同于合约 1 帮助东航实现套期保值，而是带有明显的投机性质，预测航油价格不会跌破 62 美元/桶。

合约 3：看涨期权空头，东航在航油价格超过 200 美元/桶时，需要以 200 美元/桶的价格出售合约规定数量的航空燃油，当航空燃油价格低于 200 美元/桶时，东航可以赚取期权费。经过分析我们可以得出，该合约同样不同于合约 1 帮助东航实现套期保值，也是具有投机性质的衍生产品合约，单边对赌航油价格不会超过 200 美元/桶。

综上所述，在东航签订的套期保值合约中，只有合约 1 是真正的套期保值，合约 2 与合约 3 属于投机行为，即预期航油价格在 62 美元/桶至 200 美元/桶之间，可见东航在该系列衍生产品合约中的总体损益。

东航的盈利区间是航油价格处于 62 美元/桶到 200 美元/桶之间，所以总体而言东航不是在套期保值，而是对赌航空燃油的价格在盈利区间内变化，属于投机行为。因此，当航油价格小于 62 美元/桶或者大于 200 美元/桶时，东航将会面临损失的风险，且损失无最大值，这也是东航在 2008 年出现衍生产品套期保值合约巨额亏损的原因。

表面上东航在使用期权合约进行套期保值，抵御航油价格上升导致的营运成本上升问题，实际上整个期权合约组合已经偏离了套期保值的初衷，投机性显著，使东航存在巨大的风险敞口，综合分析，东航签订该衍生产品合约的原因主要有以下几点：

（1）控制航空燃油成本。航油成本是东航在运营过程中面临的最主要的风险之一，航油价格的高低直接影响航空公司的生产成本，进而影响航空公司的经营业绩。公司的盈利能力会受到国际原油价格波动和国内航油价格调整的影响。因此，若未来国际油价大幅波动或国内航油价格大幅调整，可能会对航空公司的经营业绩造成较大影响。通过签订金融衍生产品合约进行套期保值，如果油价上升，衍生品市场上的收益可以抵消部分现货市场上的成本，锁定航油购买价格，防止油价过高给航空公司带来损失。因此，东航在 2008 年航油价格持续上升的背景下签订了一系列的期权合约。

（2）历史上的盈利经历是促成东航签订巨额金融衍生产品协议的又一个原因。早在 2005 年，东航就已经通过使用金融衍生产品进行套期保值。2005—2007 年，通过签订金融衍生产品合约，东航分别获利 1.23 亿元、2.13 亿元、5.86 亿元。东航在三年间通过衍生产品合约连续获利，且获利金额逐年增加。这使管理层错误地将衍生产品合约当成未来的盈利点，将投机获利视为主要的盈利来源。偏离了套期保值的目的，忽视了投机行为背后隐藏的巨大风险，使东航暴露在巨大的航油价格波动的风险中。

（3）降低套期保值成本。东航的衍生产品合约是通过同时买入和卖出看涨期权、卖出看跌期权来实现的。卖出看跌期权的期权费收入在很大程度上抵消了买入看涨期权的成本。国际投行把高额的期权费当作诱饵，诱使东航为其买入看涨期权而支付的期权费进行套期保值，从而为降低东航的套保成本设计了接下来的期权合约。在这种情况下，为了进一步缩减成本，追求更大的衍生产品交易收益，东航愿意承担更大的风险签订后续衍生产品合约，忽视了潜在的原油价格下行带来的风险。

（4）舆论导向。2008 年，国际原油价格暴涨，逼近 150 美元/桶，不断创下历史新高。但当时次贷危机已经初见端倪，国际投行预测一旦金融危机爆发，必将影响国际原油价格。即便此时国际投行已经成为国际原油市场看空的主要动力，但在此情况下，以高盛为代表的国际投行仍公开给出了 200 美元/桶的价格预期。为了证明自身原油价格走势的论断，他们向东航提供了复杂的估值模型以及石油研究机构出具的相关论证加以支持，东航最终认定航空燃油价格会上涨至200美元/桶。

四、亏损案例暴露的问题

1. 非专业、非规范操作

（1）衍生产品使用策略的变更。套期保值策略的核心是锁定未来的成本与收益，而非将成本降低甚至降低为零。而在东航巨亏案例背后，公司管理层希望借助卖出看跌期权收到相应的期权费，从而抵消生产经营成本（买入看涨期权的成本），实际上是对航油价格的走势做出单边对赌，将套期保值策略变成了投机策略，偏离了使用衍生产品的初衷。

（2）管理层缺乏专业的套期保值的理论知识，所以对于金融衍生产品的构造以及交易的特点认识不足。东航在签订套期保值协议时，都选择了非常具有专业性的、构造较为复杂的结构化期权产品。表面上是能获得不菲的期权费，可是经过仔细分析和判断可以发现，在相关合约中投资银行与航空公司的权利存在严重的不对等。一旦油价不在价格预期和可控制的区间内，航空公司就完全处于被动地位，只能以高价买入航油，或者以低价出售航油，风险敞口持续变大。

在场外交易中，投资银行作为航空公司的对手方，无论是在衍生品的专业知识领域还是对于油价走势的判断都比航空公司专业。所以，在对油价变化趋势的估计中，东航并没有注意2008年上半年全球经济环境的变化可能对油价产生的影响，加之投资银行提出了有关油价会突破200美元/桶的论调使东航更加坚定地相信对油价将持续上涨的判断。

2. 缺乏行之有效的内控

主要体现在以下几个方面：

（1）集团内部监管方面。东航的年度报告显示，在公司内部控制与运行套期保值交易工作的是独立的"金融风险管理委员会"，而在委员会下又专门成立了金融风险管理工作指导小组，实际负责金融风险分析以及交易损益报告工作。然而金融风险管理的目标、工作制度及工作流程的控制等都是由委员会授权的总经理负责与监督，几乎独立于董事会，董事会并没有发挥制定风险管理框架以及构建公司风控文化的作用。这使董事会在金融风险管理中不能深入地了解衍生产品交易的性质、交易策略及交易目的等，没有发挥董事会和监事会的监督与制衡的职责，失去了对衍生产品交易的有效监管。

（2）目标设定方面。由于在公司治理结构中，金融风险管理委员会委托总经理而不是董事会负责金融风险目标的制定，这使董事会无法识别与金融工具目标实现相关的风险。在衍生产品使用目标设定上，是以套期为目的还是以投机为目的，这种"疏离"容易出现目标设定上的偏差，不能保证企业的风险偏好程度与其经营目标保持一致。

（3）风险的系统性评估方面。金融衍生工具涉及的风险一般有市场风险、信用风险、流动性风险、营运风险、结算风险及法律风险等，本身就给风险控制增加了难度。航空公司对风险的评估通常采用的是定性分析，而缺少有效的定量分析，通常是参考一些投行的研究报告，这使其在策略选择中处于被动。

（4）风险应对方面。从套期保值开始出现浮亏时，国航、东航和南航就没有及时地调整其套期策略，这说明他们并没有充分考虑极端情况下的交易止损和预警机制，加上在流动性较差的场外交易，很难将合约转让或平仓止损。

（5）内部监督方面。航空公司设置了复核清算员，其职能是复核交易证实书与交易委托书的一致性、复核交割单据，并与会计部对账，保证每笔交易的损益及时、准确地入账，并没有单独的审核人员去审核交易的合规性及核查交易部门对交易处理程序的遵循情况，企业无法实现对交易情况的动态监督。

第二节　金融风险管理的分析

一、认识金融风险

1. 风险含义

关于如何理解风险并对其进行精确定义，目前尚无一个为学术界和实务界所普遍接受的说法。不同的学者可以从不同的领域、不同的角度对风险进行定义，见仁见智，各有优劣。但就其共性而言，可以归纳为两种观点。一种观点认为，风险是指在一定条件下和一定时期内可能发生的各种结果的变动程度，结果的变动程度越大则相应的风险越大；反之则风险也越小。另一种观点认为，风险是指一定条件下和一定时期内由于各种结果发生的不确定性，而导致行为主体遭受损失或损害的可能性。结合以上两种观点，笔者对风险内涵的理解如下：

首先，不确定性与风险是两个完全不同的概念。不确定性是指结果发生的不可确指，结果既可以有利于行为主体也可以不利于行为主体，只要结果存在波动，就认为存在不确定性；风险则是指不利结果发生的可能性，如果结果中没有不利于行为主体的情况发生，那么，尽管结果存在不确定性，该事件依旧没有风险。因此，是否有可能发生不利于行为主体的结果是判断风险的唯一标准。

其次，风险是一个二维概念，一维表示损失的大小，另一维表示损失发生概率的大小，当这两维特征参数确定后，风险也就随之确定。

需要强调的是，尽管风险自身是指损失及损失发生的可能性，但是由于风险与收益具有非常紧密的联系，风险往往伴随着收益，高风险意味着高收益，这就使人们对于风险并不总是采取规避防范的态度与行为方式，而是根据不同的个人风险偏好选择是否承担风险。可见，风险可以概括为在一定条件下和一定时期内，各种结果发生的不确定性而导致行为主体遭受损失的大小以及这种损失发生可能性的大小。风险是个二维概念，风险以损失发生的大小与损失发生的概率两个指标进行综合衡量，风险与收益往往存在紧密的伴随关系。

2. 风险的种类

在对风险进行分类之前，首先来看看风险的危害，这种危害通常可划分为有形危害和无形危害两种。

（1）风险的有形危害。风险的有形危害是指风险造成的有形代价，它又可分为直接危害和间接危害两种。直接危害是指风险造成的人和物的损害而导致的与之相连的他人或它物以及责任方面的损失代价，它包括额外费用的增加、所得利益的减少和责任赔偿损失。例如，1995年2月我国国债期货市场发生的"3·27"风波直接造成上海交易所某会员公司的巨额亏损。信息披露后，股票市场上股票价格全面下跌，使许多投资者遭受损失，这就形成了风险的间接危害。

（2）风险的无形危害。风险的无形危害是指风险发生的不确定性导致经济单位发生的经济损失。从产生的原因分析，又可分为风险存在的无形危害及风险发生后的无形危害。从宏观经济的角度来看，风险的无形危害主要表现为以下后果：一是社会经济福利的减少，为了防范风险发生所带来的灾难性后果，人们经常保有大量损失准备金。这部分资金游离于社会生产部门之外，不增加任何社会财富，无形中造成社会经济福利的减少。二是阻得了劳动生产率的提高。企业劳动生产率的提高依赖于技术改革和高新技术的采用，而大量风险储备金以及技术风险的存在，极不利于企业的技术改造和高新技术的采用，阻碍了劳动生产率的提高。三是资源配置不能最优化，风险的存在，使风险行业尤其是高风险行业产业的资源使用达不到最佳组合，造成资源不可避免的浪费。

为了有效地进行风险管理，有必要对风险进行分类，以便对不同的风险采取不同的处置措施，实现风险管理目标的要求。按照不同的分类标准，风险可以进行如下细分：

（1）按风险的对象划分，可分为：①财产风险，指财产发生损毁、灭失和贬值的风险。②人身风险，指人的生、老、病、死，即疾病、伤残、死亡等所产生的风险。③责任风险，指由于团体或个人违背法律、合同或道义上的规定，形成侵权行为，从而造成他人的资产损失或人身伤害，在法律上须负经济赔偿责任的风险。④信用风险，指权利人与义务人在经济交往中，由于一方违约或犯罪而对对方造成经济损失的风险。

（2）按风险产生的原因划分，可分为：①自然风险，指由于自然力的非规则运动所引起的自然现象或物理现象导致的风险。②社会风险，指由于反常的个人行为或不可预测的团体行为所造成的风险。③经济风险，一般指在商品的生产和购销过程中，经营管理不力、市场预测失误、价格变动或消费需求变化等因素导致经济损失的风险。这里也包括外汇行市变动以及通货膨胀而引起的风险。④技术风险，指科技发展所带来的某些不利因素而导致的风险。

（3）按风险的性质划分，可分为：①静态风险，又称纯粹风险，指只有损失可能而无获利可能的风险。也就是说，它导致的后果只有两种：一种是损失；另一种是无损失，是纯损失风险。静态风险的产生一般与自然力的破坏或人们的行为失误有关。静态风险的变化较有规则，可利用概率论中的大数法则预测风险频率，它是风险管理的主要对象。②动态风险，又称投机风险，指既有损失可能又有获利可能的风险。它所导致的结果包括损失、无损失、获利三种。动态风险常与经济、政治、科技及社会的运动密切相关，它远比静态风险复杂，多为不规则的、多变的运动，很难用大数法则进行预测。

上述分类方法从风险的本质特征入手，避开了各种烦琐具体风险的缠绕，将风险进行了不重复的分类，同时涵盖了所有风险，有利于风险的计量及管理工作。

3. 金融风险的含义

伴随着金融业的产生，金融风险也开始产生。已发生的金融风波和金融危机表明金融问题的影响已不再仅仅局限于金融和经济领域，它能够震撼乃至颠覆整个国家的政权。金融风险虽然只是人类面临的种种风险的一小部分，但金融风险一旦没有控制在经济、社会可承受的范围之内，就有可能酿成金融危机，进而引发经济危机、政治危机和社会危机，导致经济、社会发展的停滞，甚至后退。因此，金融风险是当今世界面临的各种风险中极为重要的一部分。

（1）金融风险的含义。关于金融风险的定义如同对风险的定义一样有多种说法，目前理论界认识也不尽相同。对金融风险概念定义的不同，实质上反映了人们对金融风险的性质、特点、成因等在认识上存在的分歧和差别。当然，也可能是金融风险在各国和各地区的具体表现和运行规律有所不同，反映在人们头脑中的意识也有所不同。这种认识上的差别有可能导致人们在风险防范和化解手段、所采用的政策和对策上的不同，从而形成不同的经济流派和政策主张。但不管有多大差别、金融风险给人们带来的损失是肯定的。基于对风险的内涵和金融风险的特点的考察，这里给出金融风险的定义：所谓金融风险，是指在一定条件下和一定时期内，由于金融市场中各种经济因变量的不确定造成结果发生的波动，而导致行为主体遭受损失的大小以及这种损失发生可能性的大小，损失发生的大小与损失发生的概率是金融风险的核心参量。

（2）对金融风险的正确理解。金融风险是一种复杂的经济现象。准确理解金融风险的内涵有助于更好地识别和管理金融风险。

首先是金融风险的构成。根据金融风险的定义，金融风险由风险因素、风险事故和风险结果构成。金融风险因素是金融风险的必要条件，是金融风险产生和存在的前提。金融风险事故是经济及金融环境变量发生始料未及的变动从而导致金融风险结果的事件，它是金融风险存在的充分条件，在金融风险中占据核心地位。金融风险事故是连接金融风险因素与风险结果的桥梁，是金融风险由可能性转化为现实性的媒介。金融风险事故不仅在质上决定风险结果的性质，而且在量上决定金融风险的程度。例如，汇率和利率的意外变动，从变动方向上对金融行为者产生有利或不利的风险结果，又从变动程度上决定其损益数量。这表明，金融风险结果的程度与风险事故的大小是正相关的。金融风险结果是金融风险事故给金融行为主体带来的直接影响，这种影响一般表现为实际收益与预期收益或实际成本与预期成本的背离，从而给金融行为主体造成非故意的、非计划的、非预期的经济利益或经济损失。在金融市场，利率汇率、价格等金融参数是极其敏感的，对于来自社会及自然的各种因素的微妙变动都会做出相当敏感的反应。金融参数的敏感性使金融风险的产生和存在非常复杂多变且不规则，比其他风险更难以准确预测和估计。金融风险的多变性体现在对其有影响的风险因素、风险程度、风险结果随时随地处于变化之中，这既增加了风险管理的难度，也为风险爱好者增添了利用风险并获得风险收益的机会。由此可以认为，金融风险的内涵界定是在一定时间内，以相应的风险因素为必要条件，以相应的风险事故为充分条件，有关金融主体承受相应的风险结果的可能性。

其次，金融风险是普遍存在的。在市场经济环境下，金融风险是普遍存在的，有些金融风险是金融市场交易者的不正当及违法违规行为而引起的金融动荡，但更多是金融市场机制本身的问题而引起的金融体系的内在不稳定。金融风险既是个宏观问题，也是一个客观问题，它可以表现为货币制度和货币秩序的崩溃，也可以表现为某家金融机构的挤兑和破产，甚至具体到某笔金融资产的沉淀和损失。金融风险是一种特殊的经济风险，是可以选择和测算的，但同时又是一种特殊的投机风险，既可能带来风险损失，也可能带来风险收益。

最后，金融风险的发生是不确定的。在金融现象的发生和发展过程中，金融风险的风险事故既可能发生，也可能不发生，从而使金融风险结果既可能出现，也可能不出现，金融行为主体承受着风险，只是说他有受损的可能性，但究竟是受损或受益及损益程度如何，在金融风险事故发生之前是不确定的。因此，金融风险的实质在于它是一种直接发生货币资金损益的可能性和不确定性。另外，金融事故的发生需要"土壤"，也就是要具备相应的充分条件。金融事故的发生是由很多经济和非经济因素决定的，人们可以研究金融事故发生的规律，分析引发金融风险事故的各种因素，测算金融风险事故发生的概率，从而有效地预测和防范金融风险事故的发生，减少风险损失。然而，由于决定金融风险事故的因素是相当复杂且多变的，对金融风险事故的预测始终不能取得令人满意的效果，甚至常常是各种预测结论大相径庭、互相矛盾。金融行为主体盲目地依据这些预测结论从事金融交易往往会加大金融风险。

二、宏观金融风险

2017 年 7 月，习近平总书记在全国金融会议上强调"金融是国家核心竞争力，金融安全是国家安全重要组成部分，金融制度是经济社会发展中重要的基础性制度"，足以见得国家对防范宏观金融风险的重视程度。2008 年全球金融危机对世界各国经济影响之深、持续时间之久无不彰显金融风险的巨大破坏性，防控宏观金融风险也成为各国当务之急。1980 年拉美债务危机、1997 年亚洲金融危机以及始于 2009 年的欧债危机都表明债务危机对一国金融稳定的严重威胁。同时，随着中国经济增长放缓、债务不断攀升，我国宏观金融风险正在聚集，并已受到国内外瞩目。

目前，我国经济风险点主要集中在以下几点：非金融企业债务杠杆率过高、房地产资产泡沫、地方政府高额隐形负债、流动性过剩、金融业资管风险聚集。在经济高速增长的背景下，我国金融业发展更为迅速，2005—2016 年金融业占 GDP 比重从 4% 增加到 8.346%，超过美国、日本和英国的水平，这也引发了人们对我国过度金融化的担忧，而过度金融化是金融稳定的巨大威胁。快速扩张的金融业背后危机四伏，2017 年 12 月，中央经济工作会议确定，将重点抓好防范化解重大风险、精准脱贫、污染防治三大攻坚战，其中"防范化解重大风险"被放在首位突出强调。

针对金融风险的防控，学界也一直在探讨科学的理论和模型，对于金融风险的成因、演进、传染、度量、监管，国内外都有一套相对成熟的理论机制，其中金融风险度量和传染是研究热点，本书也聚焦于这两方面。根据李扬等的《中国国家资产负债表 2015：杠杆调整与风险管理》，我国主要宏观金融风险是债务杠杆率过高。因此，弄清我国经济部门债务情况是防范金融风险的重要一步，而分析经济部门的债务情况最好的工具莫过于资产负债表。金融部门为非金融部门提供融资需求，在改善经济活力、为经济增长提供动力方面扮演重要角色，防控金融部门风险是防范化解重大风险的重要环节。针对金融部门宏观风险，已有研究要么是将国民经济分为政府部门、非金融企业部门、居民部门、金融部门和外国部门，进行部门层面之间的风险研究，要么只对银行系统进行系统性风险研究，而忽略了保险、证券等其他金融机构，但是上述两种方法都对金融部门风险研究不足。

三、金融衍生产品的风险调控作用

市场本身就是一个工具，中央在 2015 年提出了市场在资源配置中起决定作用的理论，这种认识论源于中国改革开放 40 多年的实践。相比计划经济，市场经济是零散地、自发地、按照经济规律去做事情，其最大意义就在于，能够实现对有限资源的最优配置。金融市场同样是一个工具，其意义也在于将有限的金融资源实现最优配置，以实现为实体经济"补血"，推动实体经济的发展。衍生金融工具同样没有离开工具的范畴，近年来市场的剧烈波动使企业比任何时候都认识到规避风险的必要性。但是，市场中有部分机构拥有雄厚的资金和出色的风险管理能力，它们并不规避风险，而是以科学的、谨慎的态度拥抱风险，能够以很小的代价换取权利金，获得利润。资本的逐利性，渐渐地改变了人们的价值观，开始将风险看作另一种资源——风险资源。金融衍生工具诞生和发展的意义，恰恰在于能够合理分配风险资源，为企业创造良好的外部市场环境。但是，由于金融衍生产品具有一定的零和博弈特性，且被许多人用于投机，金融衍生产品自诞生伊始，便饱受质疑，尤其是 2008 年全球金融危机，我国各大央企购买衍生金融品而导致巨额亏损，2015 年股灾之后基于股指的金融衍生产品受到大面积影响，迫使人们更加深入、理性地思考金融衍生产品。

1. 市场在资源配置中起决定作用，有利于最优化物质资源的使用

如何利用有限的物质资源，最大限度地满足人们的需求，成为现代微观经济学的目的。根据我国改革开放的实践，市场作为工具的最大意义就在于，能够实现对有限资源的最优配置，这也是改革开放之后我国的物质经济能够得到突飞猛进发展的根本原因。应该说，一般均衡理论的完全竞争市场假定在现实的社会生活中并不存在，这种理论层面的假设类似于经济学中的完全理性人假设，有利于人类认识经济运行机制的本质，从资本主义萌芽到经济全球化，从美国 1929 年危机之后的罗斯福改革到中国 1979 年邓小平同志带领的改革开放，市场这只看不见的手始终在资源配置中发挥决定性作用。

2. 金融市场能够最优配置虚拟的金融资源

金融市场就是资本市场，它通常包括一、二级市场。对于计划经济，

行政命令是推动资源分配的唯一动力，所有机构都是人为的设置，是一种相互配合的统一整体。而市场经济通常存在一系列的不对称，有些机构和组织拥有技术和项目，有些金融机构拥有雄厚的资金，政府手中往往具有政策优势，所以如何将资源的不对称进行有效整合，并最终创造更多的价值和财富，是金融市场存在的意义所在。例如，上市公司发行股票、债券，其目的是通过金融手段，以最低成本融资，推动项目的运转，推动实体经济的发展。金融资源的有效配置能够有效地解决实体经济缺乏资金的尴尬处境。当然，这一切都是建立在自由竞争下价格机制发挥作用的基础之上。此外，计算机通信技术的进步、国家政策对金融市场的鼓励和支持等，对金融市场的健康平稳发展也起到了保驾护航的作用。

李克强总理说过，金融市场的发展最终要服务于实体经济，金融资源的最好去处也是实体经济。我国是人口大国，且是发展中国家，实体经济尤为重要，其关乎就业等国计民生，如果金融资源不能服务于实体经济，一方面，实体经济得不到急需的资源；另一方面，金融市场的投机性会形成巨大的"虹吸效应"，还会不断抽取实体经济有限的资源，这将导致毁灭性的后果。同样，金融市场也不能离开实体经济的支撑，否则庞大的金融资源会在金融市场空转，无法创造新的价值；相反，资金成本累积成不得不支付的巨额利息，巨大的庞氏骗局将会形成，系统性金融危机的爆发往往就是因此而来。

3. 金融衍生工具可以为企业用来规避风险，并且能够增加金融系统的稳定性

经济基础决定上层建筑，金融衍生产品能够存在的根本原因，是市场风险因素的存在。衍生品市场的出现起源于人类对于风险规避或管理的动机，风险越大，越具有破坏性，就越容易推动金融衍生产品的产生和发展。当然金融衍生产品是资本市场发展阶段性的产物，其产生和发展建立在原有资本市场成熟、稳定的基础之上。其能够存在并壮大的重要原因，还在于人

的因素，在于市场存在大量对于风险具有不同认识的交易者，风险规避者努力降低风险，寻求平均收益，风险偏好者则勇于承担风险寻求超额收益。从这个角度出发，衍生产品客观上具备着管理或者转移风险的基本功能。当然，其风险计量技术的进步，本身也推动着金融衍生产品的发展。

众所周知，高风险往往伴随着高利润，现在人们更多地视风险为一种资源，我们直接称之为风险资源。金融衍生产品能够很好地配置风险资源，当然这也是其被创造的意义所在。通常情况下，金融衍生产品交易双方，一方为不愿意承担风险的企业，其利润往往容易受到市场风险的影响；另一方往往为具有雄厚的资金实力，且能够有效地管控风险的专业机构。并不需要担心市场的不稳定性可能会给这些机构带来灾难，因为一方面机构投资者往往实力雄厚，另一方面投资机构往往风险管控能力一流。

同时我们还要注意到，所有风险出单个投资机构承担并且内部消化，不会扩散和影响其他机构，不会形成系统性金融风险，这将有利于增强整个金融体系的稳定性。通常情况下，货币分为外生性货币和内生性货币，对于金融系统而言，内生性货币要远远多于外生性货币。换句话说，整个金融体系由信用背书的内生性货币支撑，如果内生性货币枯竭，会导致类似于美国2008年的次贷危机，并进一步引爆系统性金融风险，金融衍生产品具有较好的信用背书，是一种良好的内生性货币，能够有效地维持金融系统的稳定性。

当然，这建立在对金融衍生产品合理使用的基础之上，只有善于管理风险方，才能在买卖风险的过程中获得差额利润。在实际经济活动中，很多不善于管理风险的企业，为了眼前的利益，忽略了长远的风险，导致巨额亏损，为风险出售方承担最终的风险。

4. 全面深入、理性地认识和使用金融衍生产品

首先，许多人指责金融衍生产品的高风险性，当然，无论是国际上的巴林银行倒闭案、摩根大通巨亏案还是国内的中信太富、中航油巨亏等案

件来看，这样的指责似乎很有道理，但是进行认真、深入的分析之后，我们会发现这样的指责并不能站住脚。道理很简单，以上事件的发生，是因为该笔交易完全是一场赌博，金融衍生产品在这里与投机工具并无两样。事实上，金融衍生工具与赌博工具之间虽然有相似之处，但存在根本的区别。相似之处在于它们都有一定的规则，如桥牌、麻将都有其规则，金融衍生工具的规则基于标的物的价格，其风险收益根据标的物价格的变化而变化，并且在未来某个时点得以确定。根本区别在于，金融衍生产品是风险资源的配置工具，其目的一方面是企业合理规避不愿承担的市场风险，另一方面是能够为拥有雄厚资金且能合理管控风险的专业机构获取利润；而赌博工具不具有规避风险的意义。所以，企业要充分认识金融衍生产品的本质，合理评估自身抵抗金融风险的能力，采取有效策略，科学购买金融衍生产品。

其次，天使与魔鬼往往只有一线之隔，金融衍生产品交易与赌博工具在看待风险溢价的态度上也有本质的区别。交易双方往往风险偏好不同，协约的义务方虽然可以规避风险，但要为此付出一定代价，而协约的权利方也会根据风险偏好换取一定的收益，这也反映了投资活动以承担风险来换取收益的技术本质。与衍生交易者不同的是，赌博者往往不在乎风险溢价，对不确定性风险过程所带来的刺激的享受是赌博者迷恋赌博的本质。实际上，赌局的风险溢价一般都为负。从结果看，拥有雄厚资金和较高风险管控能力的专业机构往往能够实现盈利。企业即使放弃了部分利益，但是能够保证成本的稳定，预期盈利得以实现，是一种对股东负责的体现，对其而言也是能够接受的。而赌博者往往债务缠身，得不到好的结局。所以企业在考虑购买金融衍生产品时，一定要合理规划，采取科学策略，防止出现投机性的错误。

再次，即使再庞大的私人机构也无法通过利用金融衍生产品操纵市场，因为这需要具备极其严格的条件。金融衍生产品市场包括场外和场内两个部分，场外交易，是交易双方根据各自的需要签订相应的协议，例如利率互换协议，其风险完全是根据标的物的变化而变化，根本没有哪个私人机构能够操控利率，所以操控场外金融衍生产品市场纯粹是无稽之谈。场内交易规定和限制较多且规模庞大，其标的物往往是股指，我国 A 股市场拥有几万亿的当量，所以想通过垄断操纵场内衍生产品也是不可能的。

最后，需要加强对金融衍生产品市场的合理监管。市场这只无形的手有时候会出问题，导致资源配置的失灵，如美国 1929 年和 2008 年爆发的金融危机缘于资本市场固有的盲目性和滞后性等。同样，金融衍生产品也有失灵的时候，所以金融衍生产品市场需要加强监管，这一点对于我国而言尤其必要。一方面，是因为我国金融市场发展起步较晚，尚未成熟、稳定，企业相关经验不足；另一方面，我国政府相关监管经验不足，采取的监管政策有时不符合市场经济的要求。在发展过程中，政府要与时俱进，合理监管，当然这里所说的监管并不是要求政府取代市场，而是通过监管更好地发挥市场在资源配置中的决定作用。

四、金融衍生产品对金融风险的影响

随着全球经济一体化和我国改革开放步伐的加快，我国资本市场已经成为世界的重要组成部分。金融自由化和国际化促进了全球经济的发展，但同时也带来了巨大的风险。21 世纪以来，中国金融市场发展迅速，由于外资银行不断涌入，我国传统的存贷款业务逐渐难以满足顾客及银行发展的需要。另外，近年来随着利率市场化及汇率的改革，我国资本市场投资风险加大，因此对金融衍生工具的需求与日俱增。商业银行为了有效规避风险，创新利率衍生产品控制利率风险、汇率衍生产品控制汇率风险。此外，金融衍生产品的交易不仅规避了风险，同时也改善了银行的经营绩效，推动了金融衍生产品在我国的发展。

同时，随着经济的迅猛发展，各种新型的金融衍生工具层出不穷。由于金融衍生工具的高杠杆、高风险性，金融衍生工具市场存在巨大的风险，所以度量和控制金融衍生工具市场风险显得尤为重要。我国沪深300股指期货合约产生于股指期货发展初期，由于当时我国衍生产品市场中产品种类尚不丰富，市场发展尚不成熟，风险度量与控制还存在法规尚未涉及的真空地带，尤其是2008年美国次贷危机爆发以来，金融监管体系及金融衍生产品预警体系暴露出各种问题，因此对股指期货市场风险进行测度，从而构建更为完善、科学、合理的金融衍生工具风险预警体系已成为亟须解决的问题。

金融风险是指金融市场各个构成要素的变动（如金融变量、制度性因素、市场主体等）对金融活动的最终结果产生的不确定性影响，从而使经济主体遭受损失的可能性。例如，2008年美国房价突然大幅下跌引起次级贷款违约造成的损失；2019年以来，美国单方面对我国加增关税等造成的贸易损失差额；汇率（如美元兑人民币）突然上升，本国货币贬值造成的损失。金融市场中的市场风险，信用风险和运营风险等都属于固有的金融风险，其中市场风险和信用风险最为重要且最难把握。

1. 市场风险

市场风险是金融市场中最普遍、最常见的风险，是指因市场产品价格变化给投资者带来的损失，广泛存在于股票市场、基金市场、债券市场等市场之中。金融产品价格的波动就是市场风险的体现，市场风险使投资者在投资时可能得不到投资决策时所预期的收益。

引起市场风险的原因也很多，包括利率风险、汇率风险、通货膨胀风险、证券价格波动风险等。例如，利率的波动给投资者持有资产带来的损失；汇率突然上升，本国货币贬值造成的损失；通货膨胀率的上升使投资者实际收益率的损失以及证券价格波动带来的投资损失等都属于市场风险。期权作为本书的研究对象本身潜藏着巨大的市场风险。

2. 信用风险

信用风险是指交易中，当一方不愿或无力履行合同义务时可能带来的损失。一般合约期限越长，信用风险越大。信用风险的大小取决于某一特定对方的全部口头的大小、在某一特定时期需进行结算的交易额大小以及事先是否有只对交易净额进行支付的约定。信用业务是银行的传统业务，也是信用风险最集中的地方，信用风险过高会给银行带来巨大的损失，因此银行对信用风险的管理和控制必须引起高度重视。

3. 运营风险

运营风险又称为操作风险，是指管理制度不完善、公司内部人员和系统性缺陷造成损失的风险，有时也会导致市场和信用风险，如交易员故意提供错误信息而造成投资组合收益的损失，同时也导致了市场风险。运营风险还包括法律风险，如罚款、处罚赔偿等。对运营风险最好的防范方法，是建立好多重管理体系以及定期评估发生不可预见危机的有效机制。市场风险和信用风险同样都需要努力开展衡量和控制运营风险的工作。

总的来说，金融产品既可以产生正效应，也可以产生负效应。金融衍生产品的诞生是一个贯穿金融历史发展的动态过程，金融衍生产品可以对风险进行规避，可以帮助金融机构获得更大的收益，这是金融衍生产品的无穷魅力所在。在提供规避风险或获利的手段的同时，金融产品的正效应体现于以下多方面：

（1）促进金融衍生产品多元化，满足客户需求。金融市场竞争的核心是产品的竞争，不断的产品创新能使金融机构提高服务水平，满足多样化的客户需求，超脱营销领域的低层次竞争。随着社会经济的发展，人们的生活质量在不断提高，市场和客户需求特点显著转变。同时，信息技术的日新月异又刺激了需求目标的提高，甚至形成了独立的推动力，创造出新的需求，这些都导致了金融衍生产品呈现出新的发展。金融衍生产品的特点有个性化、多功能化、高附加值和自助化。个性化是由于客户需求的异质化而产生的，这就使商业银行不能再单纯以消费群体是否足够大作为产品创新的前提，他们甚至必须经受从单个产品中获得较低利润这种损失，为一个小群体客户甚至是单一客户提供他们需要的产品。

（2）提高金融机构的盈利能力和避险能力。第一，金融衍生产品为各种金融机构增加盈利和规避风险提供了更大的空间。各种形式的金融衍生产品将各个金融市场紧密地联系在一起，这就为金融机构在全球范围内的经营提供了广阔的天地。金融机构可以最大限度地获取金融交易信息，选择交易伙伴，为其利用金融衍生产品增强盈利能力和规避风险提供了可能。第二，金融衍生产品在连接各个金融市场的同时，为金融机构提供了大量可供选择的金融工具，使金融机构可以根据自己的需要进行资产负债管理和风险管理。第三，金融衍生产品为金融机构提供了许多新的业务领域和盈利渠道，商业银行可以通过向客户出售金融信息和金融风险的集散地，通过向不同风险和服务偏好的客户提供不同的金融产品，金融机构可以将本身所承担的风险降到最低限度，同时获得大量的利润。

（3）提高金融市场的有效性。金融市场是金融产品交易的市场，金融产品的不断创新和发展，使交易的参与者不断增加，交易量也不断扩大。这样金融市场就日趋成熟，市场的有效性不断增加，从而降低了金融市场的交易成本。同时，由于竞争的加剧和技术的发展，各类金融衍生产品之间的替代性也不断增强，产品之间的转换率上升，使交易者的机会成本大大下降。再者，金融市场交易品种的增加分散了投资者承担的风险，增加了投资的安全性，尤其是大量金融工具、融资方式以及交易技术的出现，使投资者在进行多元化的投资组合的同时，可以调整组合，保证在获利的同时分散和转移风险。

金融衍生产品是一柄"双刃剑"，它既可用来降低、规避风险，也可扩大、制造风险。从20世纪80年代至今，几乎每场金融风暴中都与金融衍生产品的负面效应息息相关。在巴林银行风波前后，国际上就曾发生过多起因金融衍生产品交易失败而造成的巨额损失事件，引发了巨大的金融灾难，乃至危机，对政治、经济、社会的各个方面造成严重的破坏。

（1）加大了市场的虚拟性和波动性。随着当代金融的发展，金融产品及其交易越来越脱离实物资产，其虚拟性越来越强。金融衍生产品的高虚拟和高杠杆性容易造成市场波动的加剧。

（2）金融衍生产品带来了新的风险。金融衍生产品并没有减少或根本消除风险从全球看或以某一金融市场看，风险只是不同主体之间再分配、再转移，但风险仍然存在。由于金融领域竞争的加剧，获利难度的加大，一些金融机构为了追求更高的利润，往往会在更大的范围内承担巨大的风险。另外，各种金融衍生产品本身就带来一定程度的风险。例如期权、期货交易，只要缴纳少量保证金，交易者便做几倍、几十倍于保证金的合约交易，投资者以小博大，盈利越多、风险度也就越高。

（3）削弱了货币政策的发挥。金融衍生产品对货币政策的影响主要体现在政策工具、中介目标和传导过程三个方面。一是对货币政策工具的负效应。许多金融衍生产品，尤其是以规避管制为目的的产品，如 NOW 账户、ATS 服务等，使部分传统的选择性货币工具失灵。一些不受存款准备金制约的非存款工具，如回购协议（RP）、货币市场互助基金（MF）等减少了存款准备金制度的作用范围。通过资产证券化、发行短期存单等金融衍生产品，中央银行再贴现窗口的作用也下降了。二是对货币政策中介目标的负效应。金融衍生产品模糊了作为货币政策中介目标的金融变量的定义，降低了中介目标的可控性。三是对货币政策传导过程的影响。货币资金流向非银行金融中介和证券市场，直接影响了货币性金融中介的货币创造过程，加剧了经济生活的不稳定性。

（4）对货币供给产生较大影响。金融衍生产品对于影响货币供给的两个决定因素：基础货币和货币乘数，都会产生较大的影响。首先基础货币的可控性由于金融机构不再依赖于中央银行的贷款，而是依赖于各种金融衍生工具而降低。同时，金融衍生产品的大量涌现提高了金融资产的整体报酬率，使公众持有通货的机会成本加大，从而减少通货持有量，加大货币乘数。

五、期权产品对金融风险的影响巨大

在众多金融衍生产品中，期权作为本书的研究对象，也是金融风险控制研究的重要对象。2014 年 12 月，证监会选择将上证 50ETF 期权作为开展期权交易的试点产品，并在上海证交所进行试点。2015 年初，证监会发布了上证 50ETF 期权进行试点交易的一系列管理办法和规章指引。与此同时，上交所也发布了期权试点交易相关规则以及其他相关业务规则，比如投资者适当性管理、做市商参与期权交易业务的指引以及期权交易的风险管理办法等。中证登也颁布了上交所 50ETF 期权试点结算规则、结算银行期权资金结算业务指引以及结算参与人期权结算业务管理指引等，由此我国基本完成了股票期权的法律规则体系的构建。2015 年 2 月 9 日上证 50ETF 期权正式上市，标志着我国期权时代的到来。股票期权是国际资本市场成熟的基础金融衍生产品，也是金融衍生产品市场的重要品种。完善健全的金融市场产品既包括股票、债券等传统性金融产品和 LOFs、ETFs 等结构性产品，也包括像期权、期货等衍生金融产品，并同时具备了融资、投资、风险管理等多种功能。上证 50ETF 期权的推出是对我国证券市场的重要完善。其实，一些形如可转换债券、认股权证的期权在我国已经存在，而上证 50ETF 期权作为我国第一个场内交易的期权，在很大程度上弥补了我国期权市场的空白。

随着上证 50ETF 期权的推出，投资者对期权的参与热情越来越高，尤其是 2021 年以来，股市行情的逐步走高以及指数震荡的加剧，投资者利用期权规避风险的意识越来越强。但是我国期权发展历史较短，以前我国期权基本都是以可转换债券、认股权证等场外期权形式存在的，直到上证

50ETF 期权的上市，我国才真正开始了场内期权交易时代，所以期权对我国投资者来说还是一个新型的衍生投资产品，很多投资者往往容易陷入权利方风险有限、收益无限的误区中而忽视期权交易中的风险。因此，以上证 50ETF 期权为对象，研究期权交易中存在的主要风险，尤其是对期权价格变动的风险因素做了详细的说明与研究。除了分析影响期权价格波动的因素外，还通过计量模型研究了期权价格与其标的资产之间的联动性。针对期权交易中的风险提出了相应的风险管理策略，同时指出期权交易风险进行控制，政府的监管同样重要，相关机构应该重视期权风险管理的监管体制的建设和完善。

自上证 50ETF 期权上市以来，我国期权市场运行总体平稳，投资者对期权的认可度逐渐增加。但是金融衍生产品是一把"双刃剑"，其在丰富投资者投资品种并为其带来巨大收益的同时，也蕴藏着巨大的风险；而期权作为一项复杂的金融衍生工具也不例外，除了与金融风险相同的市场风险、信用风险、运营风险外，还有流动性风险及法律风险。期权的流动性风险可以概括为两种类型：一种是期权市场中缺乏合约交易对手方进而导致投资者的合约无法变现或者平仓的风险；另一种是合约交易中一方资金流动性不足导致合约到期无法履行义务，进而被迫平仓造成损失的风险。由此可见，市场风险通常与市场交易规模、深度以及期权合约标准化程度有关。法律风险是指期权相关法律法规不健全或者不明确，保护投资者交易缺乏法律依据，导致期权合约无法按时履行，造成投资者损失的风险。随着资本市场波动性的加大以及监管体系的不断健全，各金融机构越来越重视期权的市场风险。我国期权市场建设还处于起步阶段，很多投资者对期权并不是很了解，再加上其巨大的杠杆作用，对期权进行风险管理就尤为重要了。

金融风险的管理是指为改变交易主体所面临的风险而采取的一系列管理行为，它包括风险的识别、风险的度量和风险的控制防范。目前，金融风险管理的基本理论主要有保险理论、组合投资理论、无套利理论、风险管理制度理论等。保险理论是根据保险学的基本原理管理风险的理论，其理论基础是概率论和风险分散化理论，其方法是通过购买保险将自己不易控制的风险转移出去；资产组合投资理论认为证券之间存在相关性，因此可以利用这种相关性，通过构建投资组合降低投资风险；无套利理论是指具有相同因素敏感性的证券或者证券组合应具有相同的期望收益率，否则将存在套利机会，该理论在风险管理的套期保值方法中具有重要应用；风险管理制度理论是指人们通过制定一系列的政策和措施来控制风险的理论，该理论认为只要按照一定的规范或者规则操作，就可以有效抵御或消除一定的风险，该理论一直是传统风险管理的基本理论，也是防范操作风险的主要方法。

20 世纪 70 年代以来，随着金融全球化、自由化以及金融创新的发展，金融市场在获得高收益的同时面临的风险也与日俱增。随着全球经济一体化进程的加快，特别是我国加入 WTO 以后，利率市场化程度提高，外汇管制也进一步放宽，使金融机构面临的风险越来越大。面对金融市场的各种风险，如何建立高效的风险预警机制，做好充分的风险管理，努力避免或推迟金融危机的发生，都需要专家、学者的深入研究和各级政府的高度重视。

第三节　我国金融衍生产品投资市场的风险分析及控制

一、金融衍生工具的风险监管制度分析

1. 金融衍生工具的风险

金融衍生工具是在金融基础资产中衍生出来的，而金融基础资产本身

就已经存在不少的金融风险，包括市场风险（market risk）、信用风险（credit risk）、操作风险（operating risk）及法律风险（1egal risk）。四种金融衍生工具的风险与传统上银行和证券公司所面对的风险是一致的，正如银行所面对的吸收存款和贷款业务的风险，以及证券公司所面对的证券买卖和证券融资的风险都是一样的，并不是新产生的风险。

1994 年 7 月，巴塞尔银行监管委员会（以下简称巴塞尔委员会）与国际证券监管委员会发表的《金融衍生工具的风险管理原则》（以下简称《原则》）提出金融衍生工具还增加了一种风险为流动性风险。同时在《原则》中指出，金融衍生工具及其包含的各种风险与传统业务的风险是一样的。但是由于技术和通信的迅速发展，金融衍生工具的复杂性、多样化及交易量日益增加，这使得风险管理面临新的挑战，如果这些风险没有被清楚地了解和适当地管理，它必将威胁到金融机构的安全性。

因为衍生产品交易本身是一种零和游戏，一方的盈利必然是交易对手的损失。如果运用得当，衍生产品能够使得企业、个人减少因未预期到的利率、汇率或者商品价格的波动带来的损失。但与任何一种产品一样，如果运用不当或者管理不到位，就会造成较大的金融损失。目前，金融衍生产品交易市场上未结清的合约金额增长很快，这意味着金融衍生产品交易的风险头寸暴露水平有提高的趋势。市场参与者在金融衍生产品市场上累计的大量头寸，会在衍生产品杠杆特性的作用下放大现货市场上的波动，并导致市场风险向流动性风险和信用风险转化，给整个金融市场带来不稳定。例如，1998 年下半年的美国长期资本管理公司事件所引起的连锁反应，使得市场在短时间内出现过于剧烈的波动，违约风险剧增，甚至失去了流动性。最后，在美联储的协调和资金支持下才得以解决市场的流动性问题，避免了一场迫在眉睫的金融危机。

金融衍生工具所蕴含的风险类别与其金融基础资产所具有的风险基本上是一样的，所不同的是，金融衍生工具产生的风险以不同形式表现出来，因此对它的辨认和确定较传统上的金融工具困难，只有辨清其风险，才能很好地使用它并有效地监管它。根据巴塞尔委员会和国际证券监管委员会的联合公报，金融衍生工具的交易所涉及的风险主要有以下几方面：

（1）信用风险。信用风险又称交易对手风险，指因交易对手未履行交割义务产生的风险。信用风险包括交易相对方在借款、金融互换交易、期权及交割时违约所产生的损失。风险管理与控制的程序可以降低信用风险，其可能的做法包括要求对方提供充足的担保品、支付保证金及安排净额相抵的合同条款。

信用风险的控制要求当事人在签署衍生金融合约、提供抵押或其他方式的担保时谨慎审查对方的信用能力。交易商降低信用风险最简单的方法是只与信用等级为最高级别 AA 级的机构进行交易。但是，这就限制了可能的交易对方的范围，而且由于目前有许多负债项目出现在资产负债表之外，信用等级的可信度也降低了。为此，当事人可以采用担保的方式，并对其实质要件在合约中做出具体规定。但是衍生交易中的抵押与传统担保交易的区别在于，对于前者交易双方都可能是信用提供者，因为双方之间交易的净额会随着时间不断变化，而且抵押作为降低信用风险的手段在国际衍生交易中并非没有限制。例如，交易双方很难对净额的数值达成一致意见。这是因为定价的问题非常烦琐，必须采用各种专门的模型并逐日盯市。国际清算银行的报告就认为担保并不能消除信用风险，却可能带来其他风险如法律风险、流动性风险和操作风险。例如，当需要追加新的担保时，担保协议可能给交易各方带来清算的压力。担保协议不能执行的风险也因为涉及一个以上管辖权而增大。但是无论如何，只要应用得当，担保就是转移信用风险的有效手段。

降低场外衍生交易信用风险的另一个机制是多边清算体系。目前，交易所市场的结算通过清算所进行，而绝大多数场外衍生交易是在双边的基础上进行结算，因此许多交易商都呼吁采用与交易所类似的清算所来取代双边清算协议。在这种方式下，保证金的存在及逐日盯市的措施使清算所可以降低衍生金融交易当事人违约的潜在风险。而且如果清算所采取有效的风险控制机制，其财务能力远远高于任何一个交易商。

（2）市场风险。市场风险是市场波动引起的衍生合约价值的变化带来的风险。市场波动包括汇率、利率、指数等的变动。例如，股票在现货市场价格下降时，会导致股票看涨期权价格的下跌。而衍生金融交易中市场风险的特殊性还在于，衍生合约的价格和基础资产价格间的关系非常复杂，而这并非普通终端用户所能理解的。

另外，其价格变化也受到一系列因素的影响，包括衍生合约的类型。例如，远期合约价格和基础资产价格间的关系是线性的。换句话说，后者价格的变化会带来前者价格的相应变化。另外，期权合约的价值受许多因素影响，如基础资产的价格、履行期权的贴水、履行期权的期限等，这意味着基础资产价格和期权合约价格间并非固定不变的线性关系。通常，衍生合约杠杆作用放大的倍数越多，市场风险就越大。杠杆作用是衍生合约中最重要的因素之一。

美国加利福尼亚州橘郡的破产案例就表明了市场风险所隐含的危险。该县的财务长将橘郡投资基金的资金大量投资于结构债券及逆浮动利率债券等金融衍生工具。当利率上升时，这些债券及其金融衍生工具的价格下跌，从而导致橘郡投资基金16.9亿美元的巨额损失。又如，宝洁公司参与了与德国和美国利率相连的利率衍生工具交易，当两国利率上升，高于合约规定的跨栏利率时，这些杠杆式衍生工具成为公司沉重的负担。在冲抵这些合约后，宝洁公司亏损高达1.57亿美元。

（3）流动性风险。流动性风险是指，金融工具的一方无法以合理的价格迅速卖出或移转该金融工具，进而产生损失的风险。某公司在1994年3月的6亿美元损失是流动性风险的显著例子，该公司专门从事不动产抵押债务证券的交易，由于其承担了极大的信用风险及利率风险，故其商品在华尔街有"有毒废弃物"之称。当利率急剧上涨时，这些债券的交易便戛然而止，所有市场参与者对其头寸的报价均与其原始持有成本相差很多。

（4）操作风险。操作风险是指，交易处理或管理系统的不当运作导致财务损失的风险，或因公司内部控制系统崩溃而产生损失的各种风险，其中包括而不限于未授权交易、过度交易及交易欺诈，也可能发生于交易后台，如账簿、记录不完整、缺乏基本的内部会计控制、人员经验不足以及计算机系统不稳定或易于被侵入等。

1995 年 2 月的巴林银行破产事件就显示了操作风险管理与控制的重要性。英国的银行监理委员会认为，巴林银行的失败其实是新加坡巴林银行的尼克·里森未经授权进行金融衍生工具的交易而导致的，该交易员身兼期货交易及交割两部门的主管，且未受上级的监督，而致使其有机可乘。该银行未能独立监督该交易员的交易，未能划分前台及后台的功能，招致了使该银行完全崩溃的营运风险。

类似的管理不当也使日本大和银行在债券市场蒙受了巨大的损失。1995 年，该银行的一个债券交易员由于能够同时控制报表及交易活动，而隐藏了大约 10 亿美元的交易损失。

这两家银行都违反了风险管理的基本原则，即交易及其他支持性功能应予以分别独立。操作风险是透过有效的管理程序来控制的，包括充分的账簿、记录及基本的内部会计控制、独立于交易及业务部门的内部稽核功能、人员权责的明确划分及风险管理与控制政策。如果有妥当的管理、监督，遵守基本的风险管理原则，将后台及交易的功能划分清楚，巴林银行及大和银行的损失也可能免于发生，纵使发生，其损失亦可缩小。

（5）法律风险。法律风险源自个体无法使相对方履行契约义务的可能性的风险，其损失的发生可能是因合同不具法律效力或合同的签订不合法，或者因相对方的越权行为。换言之，法律风险包含了合同本身可能不合法，这可能是签订合同者未取得适当的授权而引致。

由于金融衍生产品市场发展速度太快,相关的法律、法规建设还没有跟上。很多国家要么因为政府对金融衍生产品市场持保留意见而不愿给予衍生产品合约应有的保护,要么因为经验不足而对这种新型金融工具不知所措。例如,在交易一方申请破产保护时,其交易对手所持有的衍生产品合约如何处置,其索偿权在一系列债权人、股权所有人中排在什么位置等,公司法就没有明确的裁定。20 世纪 80 年代末期,英国两个自治镇由于从事利率互换协议而出现潜在的巨额亏损,结果两镇的议员通过议院的活动而使这些金融衍生产品合约被宣布无效,导致交易对手蒙受了 1.2 亿英镑的损失。

(6)模型风险。在为金融产品定价或进行风险评价时,经常要用到一些理论模型,当使用不适当的模型、模型参数估计有偏差或片面夸大模型解释力,就会导致经营受损,这种风险叫模型风险。

理想的模型应该具备以下特点:首先,要与理论一致,不管是模型内在的还是该领域被广泛接受的理论。如果一个模型背离该领域所有现存的模型就应该受到怀疑,而且必须要证明它的优越性何在。其次,理想的模型也要有很大的弹性,简单、现实和容易叙述,其所要求输入的数据要容易观测和估计。再次,在建模的过程中不应忘记流动性影响、税收影响以及其他市场缺陷的影响。最后,模型还应考虑有效和易处理定价和金融工具套期保值。

尽管目前还不能准确地量化模型风险,但可用定性的方法来判断它的大致趋势。在一个新市场的初期,模型风险较大,随着管理者经验的积累,模型风险会逐渐减少。但一旦爆发,其破坏力就是巨大的。

2. 风险的度量

金融产品的创新,使金融机构从过去的资源竞争转变为内部管理与创新方式的竞争,从而导致各金融机构的经营管理发生了深刻的变化,发达国家的各大银行、证券公司和其他金融机构都在积极参与金融产品(工具）的创新和交易金融风险度量问题成为现代金融机构的基础和核心。

传统的资产负债管理过分依赖于金融机构的报表分析，缺乏时效性，资产定价模型（Capital Asset Pricing Model，CAPM）无法糅合新的金融衍生产品种，而用方差和系数来度量风险只反映了市场（或资产）的波动幅度。这些传统方法很难准确定义和度量金融机构存在的金融风险。1993年，G30集团在研究衍生品种基础上发表了《衍生产品的实践和规则》的报告，提出了度量市场风险的 VaR（Value - at - Risk）模型，其中金融资产的波动率对 VaR 的度量十分关键。

（1）VAR。在风险管理的各种方法中，VaR 方法最为引人注目。尤其是在过去的几年里，许多银行和法规制定者开始把这种方法当作全行业衡量风险的一种标准来看待。

VaR 把银行的全部资产组合风险概括为一个简单的数字来表示风险管理的核心潜在亏损。VaR 回答的是在概率给定情况下，银行投资组合价值在下一阶段最多可能损失多少。

VaR 的优点在于，首先，可以用来简单明了地表示市场风险的大小，单位是美元或其他货币，没有任何技术色彩、没有任何专业背景的投资者和管理者都可以通过 VaR 值对金融风险进行评判。其次，可以事前计算风险，不像以往风险管理的方法都是在事后衡量风险大。最后，不仅能计算单个金融工具的风险，还能计算由多个金融工具组成的投资组合风险，这是传统金融风险管理所不能做到的。VaR 主要应用于风险控制和业绩评估。

VaR 按字面的解释就是"处于风险状态的价值"，即在一定置信水平和一定持有期内，某一金融工具或其组合在未来资产价格波动下所面临的最大损失额。J. P. Morgan 将其定义为，VaR 是在既定头寸被冲销或重估前可能发生的市场价值最大损失的估计值；而 Jorion 则把 VaR 定义为，"给定置信区间的一个持有期内的最坏的预期损失"。

1993 年，G30 建议以 VaR 作为合适的风险衡量手段，特别是用来衡量场外衍生工具的市场风险；1995 年，巴塞尔委员会同意具备条件的银行可采用内部模型为基础，计算市场风险的资本金需求，并规定将银行利用得到批准和认可的内部模型计算出来的 VaR 值乘以 3，可得到适应市场风险要求的资本数额的大小。

目前，基于 VaR 度量金融风险已成为国外大多数金融机构广泛采用的衡量金融风险大小的方法。VaR 模型提供了衡量市场风险和信用风险大小的工具，不仅有利于金融机构进行风险管理，而且有助于监管部门的有效监管。

VaR 方法的局限性有以下几个方面：第一，所计算的风险水平高度概括，不能反映资产组合的构成及其对价格波动的敏感性，因此需要辅之以敏感性分析、情景分析等非统计类方法。第二，不能涵盖价格剧烈波动等突发性小概率事件，但往往是这些事件给银行的安全造成最大的威胁。第三，VaR 模型关于正态分布的假设（方差—协方差法）、根据历史推测未来的假设（历史模拟法）以及模型参数的设置等，不一定在任何情况下都是对实际市场状况的合理近似模拟，因此 VaR 模型计量结果的可靠性要受其假设前提合理性的限制。第四，大多数市场风险内部模型只能计量交易业务中的市场风险，不能计量非交易业务中的市场风险。第五，大多数 VaR 模型计量的是一般性市场风险，纳入特定市场风险对模型提出了更高的要求。

为此，需要采用压力测试来对 VaR 模型进行补充，即模拟和估计在市场价格发生剧烈变动，或者发生特殊的政治、经济事件等极端不利情况可能会对某项资金头寸、资产组合或机构造成的潜在最大损失。商业银行在选择和运用市场风险计量方法时，需要充分了解不同方法的优点、局限性和适用的假设前提，恰当理解和运用计量结果，并采用压力测试等其他分析手段对所用的计量方法进行补充。同时，为检验和提高计量方法或模型的准确性、可靠性，银行应当定期实施事后检验，根据检验结果对计量方法或模型进行调整和改进。

（2）风险调整的资本收益法。风险调整的资本收益是收益与潜在亏损或 VaR 值的比值。信孚银行的风险调整的资本收益率（Risk Adjusted Return on Capital，RAROC）在对其资金使用进行决策的时候，不是以盈利的绝对水平作为评判基础，而是以该资金投资风险基础上的盈利贴现值作为依据。

每家银行都清楚风险与收益的关系。在进行一项投资时，风险越大，其预期的收益或亏损也越大，投资如果产生亏损，将会使银行资本受侵蚀，最严重的情况可能导致银行倒闭。虽然银行对投资亏损而导致的资本侵蚀十分敏感，但是银行必须认识到，承担这些风险是为了盈利，关键在于银行应在风险与收益之间寻找一个恰当的平衡点，这也是 RAROC 的宗旨所在。决定 RAROC 的关键是潜在亏损即风险值的大小，该风险值或潜在亏损越大，投资报酬贴现就越多。

RAROC 可用于业绩评估，如果交易员从事高风险的投资项目，那么即使利润再高，由于 VaR 值较高，RAROC 值也不会很高，其业绩评价也就不会很高。实际上，巴林银行倒闭、大和银行亏损和百富勤倒闭等事件中，都是对某一个人业绩评价不合理所致，即只考虑到某人的盈利水平，没有考虑到他在获得盈利的同时承担的风险而对其进一步重用的结果。RAROC 方法用于业绩评估，可以较真实地反映交易人员的经营业绩，并对其过度投机行为进行限制，有助于避免大额亏损现象的发生。

（3）信用矩阵。1997 年 4 月初，美国摩根财团与其他几个国际银行——美国银行、瑞士银行、瑞士联合银行和 BZW 共同研究，推出了世界上第一个评估银行信贷风险的证券组合模型（Credit Metrics）。该模型以信用评级为基础，计算某项贷款或某组贷款违约的概率，然后计算上述贷款同时转变为坏账的概率。该模型通过 VaR 数值的计算力图反映出银行某个或整个信贷组合一旦面临信用级别变化或拖欠风险时所应准备的资本金数值。该模型覆盖了几乎所有的信贷产品，包括传统的商业贷款、信用证和承付书、固定收入证券、商业合同如贸易信贷和应收账款，以及由市场驱动的创新产品如掉期合同、期货合同和其他衍生产品等。具体计算步骤如下：首先，对信贷组合中的每个产品确定敞口分布；其次，计算出每项产品的价值变动率（由信用等级上升、下降或拖欠引起）；最后，将单项信贷产品的变动率汇总得出一个信贷组合的变动率值（加总时应考虑各产品之间的相互关系）。由此可见，在假定各类资产相互独立的情况下，每类资产信用风险组合的风险值等于该类资产的敞口分布与其信用等级变动或拖欠的变动率。

最近，美国华盛顿国际金融研究所与巴塞尔银行委员会合作，针对当前的主要信用风险模型以及资产组合模型进行了分析测试，旨在找出衡量信用风险的最好方法，为计量信用风险确定一种比较规范的模型，并用于确定资本金的分配，从而为国际银行业的发展及其风险监管创造条件。

3. 金融衍生市场监管的体制和框架

（1）政府集中型监管体制。政府对金融衍生工具实行监管的基本方式和手段有两个，即立法和行政监管。这两者对市场的监管是相辅相成的，其目的在于保护市场竞争性、高效性和流动性，为市场监管创造一个有法可依、有纪可守、有章可循的有利环境，以维护市场的正常秩序，保证交易按照诚实信用和公平、公正、公开的"三公"原则进行。在这种体制下，政府积极参与金融衍生工具的监管，并在监管中占主导地位，各个自律性组织只起着协助政府监管的作用。

1936 年，美国政府根据国会通过的《商品交易所法》在农业部内设了商品交易所委员会，作为政府进行期货监管的职能机构。由于其存在的缺陷，美国于 1975 年成立商品期货交易委员会（Commodity Fatures Trading Commission，CFTC），取代原监管机构。CFTC 是独立的政府监管机构，直接向国会呈送报告，被法律赋予监管期货交易的管辖权。CFTC 的监管权力范围包括交易所、交易所会员、期货经纪商在内的整个美国期货行业，以及包括期货、期权、现货期权交易在内的一切期货交易，同时监管在美国上市的国外期货合同。它主要通过制定交易法规、审批新合约和交易所规则等手段实施监管。实际上排除了以前由各州政府颁布有关期货交易法规的权力，废除了州立法，以全国统一监管取代了地方和部门的分散监管，完成了向现代政府监管体制的过渡。

美国采用集中立法型监管体制较好地处理了立法与执法、联邦政府监管与州政府监管、政府监管与市场自律的关系，积累了一套成功的经验。鉴于美国对证券市场监管的成功，日本、韩国、加拿大、埃及、以色列、巴西、巴基斯坦、土耳其、菲律宾和印度以及中国等许多国家都仿效美国采用了这种集中立法型监管体制。

（2）自律型监管体制。自律型监管体制是指政府较少对金融市场进行集中统一的干预，而是主要依靠交易所、证券商协会和证券期货协会等自律组织对金融市场实行自律监管。政府的监管尽管很全面，但是不可能很具体，日常的协调、监督和操作管理还需要交易所、行业协会、经纪公司和清算公司等通过建立一套自律性规章制度来监管。它们根据国家的有关法律、法规、政策以及金融市场的主管机关的要求，制定相应的经营运作规则和细则等，以此对其内部以及衍生产品的上市及交易实行严格监管。

从世界证券市场的发展来看，伦敦证券交易发展较早，在当时仍未有相应立法出台的情况下，主要依靠交易所和证券业协会制定有关规则来规范市场行为，以致经过长期的发展形成了伦敦证券交易所完全自治和不受政府干预的传统。英国的证券商们发展出一套金融市场的自律规范，在长期的发展中自律监管得到不断的完善，并一直延续至今，从而形成了以自我约束、自我监管和自我发展为显著特点的自律机构，以及以自律监管为主的监管体制。英国的期货行业自律监管主要是通过证券期货局（The Securities and Futures Authority，SFA）进行的，该协会对英国承担期货市场行政监管职能的证券投资委员会负责，其职责是制定自律规章，进行自我评价，对已注册的公司进行监管，其中包括进行干预、调查和处罚等。

自律型监管体制使市场参与者具有更大的灵活性，提高了金融证券市场的运行效率。随后，荷兰、爱尔兰、芬兰、瑞典、挪威、新加坡和马来西亚等国家都纷纷仿效英国采用了自律型的监管体制。

（3）综合型监管体制。综合型的监管体制既强调集中型的立法监管，又强调自律型的监管，可以说是上述两种体制的相互协调和渗透的产物。这种体制也有人称为分级监管型体制，包括二级监管和三级监管两种模式。二级监管是指中央政府和自律组织相结合的监管，而三级监管是指中央、地方两级政府和自律组织相结合的监管。

由于金融衍生工具的复杂性和多风险性，单一的政府集中型监管往往显得力不从心，如何掌握有效监管和过度行政干预之间的监管分寸十分困难，这时候就需要自律组织的行业自律来有效配合。对于自律型的监管体制来说，其监管的重点通常放在市场的有效运作和保护会员的利益上，对广大投资者可能就没有充分的保障，并且由于监管者直接介入市场，较难保证市场的公正性。从整体上来看，如果没有统筹规划管理的全国性监管机构，就难以实现全国市场的协调发展。政府集中型的监管体制和自律型的监管体制都各自存在一定的缺陷，因此就出现了将两者兼容互补的综合型监管体制，以从中取长补短。这种体制结合吸收了集中型和自律型监管两者的优点，既有政府立法监管的成分，又不失自律监管的特色。目前，世界上许多实行集中型监管或自律型监管体制的国家都已逐渐向综合型监管过渡，而一些新兴证券市场的国家，往往一开始就倾向于采用综合型的监管体制，如法国、意大利、泰国和约旦等国。

二、衍生市场的国际监管和《巴塞尔协议》

1. 衍生市场的国际监管

（1）国际监管指导思想。激烈的竞争压力使金融机构倾向于利用金融衍生工具的高杠杆特性进行投机，1998 年美国长期资本管理公司（Long - Term Capital Management，LTCM）巨额亏损引起的轰动反映出市场参与者对衍生产品风险特性的认识不足，在金融衍生产品的风险评估和控制上的认识存在很多隐患。但我们同时也看到，金融机构在风险管理上取得了重大进步。目前，金融机构已经开发出了许多用于风险管理的复杂数学模型和软件，如用于市场风险测量的 VaR 技术（J. P. Morgan），用于利率风险管理的随机规划模型，用于信用风险管理的人工神经网络模型等。金融机构风险管理的另一种基本方法就是通过各种衍生产品本身的组合进行具有针对性的风险控制，将非系统风险的、与收益无关的风险剥离出来。

面对衍生工具日新月异的发展，监管的指导思想开始明显地突出衍生工具的风险和风险监管，并逐渐从外部监管向激励内部管理倾斜。1966 年，巴塞尔委员会对《巴塞尔协议》做了补充规定，提供了银行业处理市场风险的统一标准；1997 年的《有效银行监管核心原则》重点强调了金融衍生工具及其他类似表外业务信贷风险的处理办法；1999 年 6 月，《新巴塞尔资本协议》征求意见稿（第一稿）对银行业风险的衡量构建了一个更为灵活、完善的解决方案，其核心内容是新资本协议第四部分的三大要素：一是最低资本要求，在 1988 年标准的基础上有所扩展，更充分地反映了信用风险并对其进行全面处理；二是强调监管部门对资本充足率的监管检查，以确保银行的资本金符合全面风险管理状况和经营战略；三是利用市场法则来加强信息披露和鼓励银行稳健经营。这三大要素结合在一起，代表了当今资本监管的发展趋势。新协议肯定了一些新的金融创新工具，并对如何应付金融创新的挑战予以关注，如确定资产证券化风险权重计量方案等。新协议对国际银行集团业务综合化也给予了充分重视，并提出了解决思路等。

世界范围内的衍生交易及市场的高度密切联系及衍生产品自身的高风险性大大增加了全球性市场危机爆发的可能性，跨国交易的金融衍生产品要求衍生监管的国际合作。衍生产品国际监管的内容应当包括：各国监管当局之间监管职责的划分、最低的审慎标准、各国监管当局之间的信息共享、国际性金融监管组织之间的合作。

（2）国际合作。目前，各国日益重视金融衍生产品监管的国际合作。一是在市场准入方面，都把金融机构的母国金融监管水平和质量作为重要标准。二是各种国际性金融组织在进行重组和调整后，其影响力逐步走向了全球化，如著名的巴塞尔银行监管委员会等。三是国际监管合作逐步进入了制度化阶段，市场准入、国民待遇等国际性制度约束日益成为各国金融经济发展的前提条件。四是金融监管的国际标准日趋统一，其统一性、权威性、严肃性和协调性正在逐步得到加强。五是旨在协调国际汇率、短期资本流动和防止国际金融犯罪的国际监管合作趋势不断加强。

（3）国际监管组织。目前，对世界金融衍生产品市场进行调查研究，并发布各类指导性文件的国际组织主要有国际清算银行、巴塞尔委员会、证监会国际组织以及其他一些机构。

1988 年签订的《巴塞尔协议》已表达出国际社会在控制金融衍生产品风险方面的共识。1991 年 9 月，国际会计准则委员会（International Accounting Standards Commitee，IASC）针对衍生品复杂而困难的估算问题，着手制定新的金融工具会计准则，发表了《金融工具准则第 40 号征求意见稿》，对金融工具的概念、计量、披露等做了详细的规定。1993 年 7 月，美国著名的银行家智囊研究集团华盛顿 30 小组发表《衍生品：惯例和准则》报告，总结公布了 20 条加强衍生品交易内部管理的措施建议。1994

年 2 月，国际证券委员会组织发表了《衍生品柜台交易风险及金融风险控制机制》的文件，首次对衍生产品交易的五种主要风险，即信用风险、市场风险、流动性风险、操作风险和法律风险进行了分析，并要求全球从事衍生产品交易的机构以及各国监管当局必须建立有效的内部监管体制，控制这些风险。根据 1994 年开始生效的主要针对金融衍生产品的财务会计准则委员会 105 号文件，金融衍生产品交易的净值应该在表内反映，而不再完全是"表外业务"了，这推动了金融衍生产品交易的风险衡量，为具体实施金融监管扫除了许多障碍。1994 年 7 月，巴塞尔银行监督委员会和国际证券委员会组织联合颁布了对金融衍生产品风险监管的规定，提出了监管金融衍生产品交易的指导方针——《衍生品风险管理指南》，号召各国敦促本地金融机构在内部建立一套完善的衍生产品风险管理制度，并对衍生产品的风险计算做出修正，对各国如何实施衍生产品监管提出权威性指导。

1995 年巴林银行的倒闭和一系列衍生产品风险事件，进一步推动了对衍生金融工具交易进行监管的国际合作。1995 年 4 月，国际清算银行（Bank for International Settle ments，BIS）为了了解金融衍生产品交易在国际金融风险转移中扮演的角色，对 26 个国家的金融衍生产品交易市场进行了彻底的调查。根据金融衍生产品交易飞速发展的现实，BIS 决定修改现行银行资本充足率规定，要求银行增加资本量，通过抑制金融衍生产品交易的规模来维持金融体系的安全。同时，BIS 还提出应加强风险体制的灵活性。为了解决金融衍生产品交易风险的衡量和评估，巴塞尔委员会和《欧洲联盟资本充足性条例》提出实行基本因素法，对每一种证券及有关金融衍生产品的风险分别度量，然后将风险加总起来与资本进行比较。1995 年 5 月，16 个负责主要期货与期权市场监管的国家监管当局在英国的温莎开会，专题研究对金融衍生产品市场的监管的国际合作问题，国际证券委员会组织的秘书长和技术委员会主席也是与会者，并于当年 6 月 2 日发表了著名的《温莎宣言》，就市场管理机构间的合作、保护客户的投资地位、资金和资产、清算违约的处理方式及突发事件的监管合作问题提出了基本架构。

1997 年 3 月，国际清算银行发表了《外汇交易衍生交易产品的清算安排》，进一步就金融衍生产品交易中的风险问题做了全面分析，并建议各国通过完善交易清算系统以及加强各国清算系统之间的合作，来防范可能出现的各种风险。

1998 年 1 月 19 日，巴塞尔委员会发表《内部控制制度的评估框架》草案，认为经营环境的改变、新人员的加入、业务的快速增长、公司重组，如兼并与合并、国外业务的扩大等因素是导致市场参与者内部风险控制系统崩溃的重要原因。许多国家的金融管理当局，包括美国联邦储备委员会、美国证券交易委员会、加拿大金融机构监管办公室（Office of the Superintendent of Financial Institutions，OSFI），以及国际金融监管机构，如巴塞尔委员会、国际证券委员会组织等都强调了内部风险管理的重要性，提出了加强内部风险控制的具体框架。

2. 《巴塞尔协议》

（1）发展历程。国际清算银行的巴塞尔委员会于其成立后的第二年发布了第一个《巴塞尔协议》（即 1975 年《巴塞尔协议》），其核心内容在于针对国际性银行监管主体缺位的现实，突出强调了两点：一是任何银行的国外机构都不能逃避监管；二是母国和东道国应共同承担监管职责。1983 年 5 月，《巴塞尔协议》修改后重新推出，这个协议是对前一个协议的具体化和明细化，明确了母国和东道国的监管责任和监督权力，尤其是对跨国银行分行和合资银行的清偿能力、流动性、外汇活动及其头寸等监管责任的划分，由此体现"监督必须充分"的监管原则。虽然，这两个协议确立了"股权原则为主，市场原则为辅；母国综合监督为主，东道国个别监督为辅"的监管思想，但是对清偿能力等监管内容和职责分配的规定十分抽象，未能提出具体可行的监管标准。因此在这种情况下，各国对国际银行业的监管仍然处于各自为战、自成一体的状态。直到 1997 年《有效银行监管核心原则》颁布，局面才有了改观。巴塞尔委员会在监管上的另一实质性进步是 1988 年 7 月通过的《关于统一国际银行资本衡量和资本标准的协议》（以下简称 1988 年巴塞尔协议）。其中，体现协议核心思想的有两项：一是资本的分类。将银行的资本分为核心资本和附属资本两类，各类资本有明确的界限和各自的特点。二是风险权重的计算标准。1988 年巴塞尔协议根据资产类别、性质以及债务主体的不同，将银行资产负债表的表内和表外项目划分为 0%、20%、50% 和 100% 四个风险档次，并确定资本对风险资产 8%（其中核心资本对风险资产的 2%）为资本充足率。

1999 年 6 月 3 日，巴塞尔银行委员会发布《新巴塞尔资本协议》征求意见稿（第一稿），对 1988 年巴塞尔协议做了修改，该征求意见稿对银行风险管理新方法给予充分的关注，具体表现在：对银行进行信用风险管理提供更为现实的选择，方法有三种：一是对现有方法进行修改，将其作为大多数银行计算资本的标准方法，在这种情况下，外部信用评估（指标准普尔和穆迪公司等的评级）可用来细致区分某些信用风险。二是对于复杂程度较高的银行，巴塞尔委员会认为可将其内部评级作为确定资本标准的基础，并且对于某些高风险的资产，允许采用高于 100% 的权重。三是征求意见稿明确指出："一些利用内部评级的、复杂程度更高的银行还建立了以评级结果（以及其他因素）为基础的信用风险模型。这种模型旨在涵盖整个资产组合的风险这一特点，在仅仅依靠外部信用评级或内部信用评级中是不存在的。但是由于一系列困难的存在包括数据的可获得性以及模型的有效性，信用风险模型目前还不能在最低资本的制定中发挥明显作用。"这说明，巴塞尔委员会在一定程度上肯定了摩根等国际大银行使用的计量信用风险模型，对市场风险管理方面的进展给予肯定，并突出了利率风险和操作风险的管理。此外还肯定了一些新的金融创新工具，并明确指出："降低信用风险的技术如信用衍生产品的近期发展使银行风险管理的水平大幅度提高。"此后，巴塞尔委员会在 1988 年《关于统一国际银行资本衡量和资本标准协议》和 1999 年 6 月公布的《新的资本充足比率框架》基础上几易其稿，于 2003 年形成《新巴塞尔资本协议》第三次征求意见稿。2004 年 6 月 26 日，十国集团的中央银行行长和银行监管当局负责人举行会议，一致同意公布《资本计量和资本标准的国际协议：修订框架》，即新资本充足率框架，现在普遍称之为"新巴塞尔协议"。

（2）新巴塞尔协议。新协议是一个激励相容的开放的框架。允许风险管理能力比较强的银行尽可能地节约资本，扩大经营杠杆，对于风险管理能力较弱的银行应该要求它配置较多的资本以抵御其风险管理能力薄弱的缺陷。其主要变化在于，第一，原来只有资本充足率，现在在三大支柱包括了资本充足率、监督检讨程序和市场约束。监督检讨程序是指使用模型的时候应该符合定量和定性的要求。市场制约（market discipline）主要指的是信息披露，包括信息披露的要求、标准、程度、时间等。第二，三大风险分别是市场、操作和信用风险，原来只有信贷风险。第三，内部模型法取代了外部模型法。第四，强调了几个不同的资本概念，即监管资本、经济资本和财会资本的不同概念，允许商业银行主动地进行资本套利。

新巴塞尔协议对风险的监管包括以下几个方面：市场风险主要有价格风险和流动性风险。价格风险主要是指出乎意料的价格变化对于银行表内外的头寸带来不利的影响，这些头寸包括：利率、股权、商品和外汇，外汇主要是外国货币和黄金，商业银行用自有资金介入股权交易或者银团都属于股权风险的范围，商业银行更多地介入大宗商品买卖会带来商品风险。流动性风险的关键问题在于，监管当局并不能区分流动性风险和资不抵债。新巴塞尔协议考虑的市场风险度量方法为标准法和内部模型法。信用风险包括直接违约和间接违约，主要考虑一系列的因素：违约率、违约损失率、风险暴露、持有期等。信用风险的定价方法有专家法、评等法和 Z 柱法。1996 年之后，有一些模型的发展，比较好的模型有 KMV 模型、capital matrix 模型等。新巴塞尔协议的方法有标准法、内部模型的基础法和内部模型的高级法。

在英国银行家协会对操作风险的量化中，操作风险主要是三大因素：一是人的能力的问题，既包括能力不足的问题也包括他的暴露风险；二是流程；三是系统，主要是指数据库、信息系统的管理。操作风险的事件大概可以分为两类：一类是高频低危，另一类是低频高危。高频低危事件是经常发生的，可以用经验统计来精确衡量发生的概率的情况。低频高危事件主要是高管人员的渎职高频低危事件可以用统计法来管理，但是对低频高危事件只能做情景模拟、案例分析。

三、对我国金融衍生产品监管建议

1. 完善衍生监管法律

衍生产品市场是市场经济发展到一定阶段的高级形式，必须制定和实施法律法规来约束市场各参与主体的权利义务才能保证市场交易遵循有序的方式进行。同时，对衍生产品市场的立法必须提升到国家层次上进行，主要是基于两方面的考虑：一方面，正确认识到衍生产品市场是国家资本市场的一个重要组成部分，它的发展与否会对整个国家市场经济体系产生广泛的影响；另一方面，由于衍生产品市场保证金低、盈利高、投机空间大，如果没有从国家层次上对市场实施严格而完善的法律规范，一旦投机过度，造成监管失控，就会增加市场的风险性，从而形成金融秩序的严重混乱并进而给整个国家的资本市场带来严重冲击。正是基于对衍生产品重要性和风险性的深刻认识，美国重视从国家层次上对期货市场进行不间断的立法规范，从而既保证了衍生产品在国家资本市场中能够发挥独特的作用，促进了市场经济体系的繁荣；又有效控制和防范了衍生产品风险，维护了市场经济体系的正常运行。美国的经验对我国正处于新兴加转轨阶段的衍生产品发展有着重要的借鉴和启示作用。我国衍生产品交易发展的历史仅有十多年，目前相关的法律规范只有国务院颁布实施的《期货交易管理暂行条例》以及中国证监会和银监会制定实施的管理办法。随着我国市场经济的发展和国际金融形势的发展，加快我国衍生产品国家层次立法、修改完善相应法规和规章具有现实紧迫性和重要性。

2. 明确监管机构职责

在我国，衍生产品是一个全新的产品，在分业监管的体制下，衍生产品尚没有明确的监管机构。从大多数成熟市场国家的监管惯例看，一般采取功能型和机构型监管相结合的模式：一方面，从事该业务的机构由谁监管，那么这个业务也应该由谁来监管；另一方面，如果该项业务有专门的监管机构，那么该监管机构也有监管权。例如，如果在我国未来银行从事外汇衍生产品交易，归银监会监管；当银行从事的是外汇期货交易时，证监会就对此有监管权。但是，当一些非银行金融机构推出 OIC 外汇衍生产品，到底由谁监管就成了问题。不过，在目前法律还没有明确授权由谁来监管衍生产品市场的时候，更重要的是要充分监管、防范风险。不过，由于金融业从分业经营向混业经营过渡是一种发展趋势，我国与分业经营相适应的分散监管体制也必须过渡到集中监管体制。从国际上看，英国已经将银行业务、证券业务、保险业务、衍生产品交易等分散的监管机构取消，专门成立了一个集中监管机构——英国金融服务管理局（Financial Service Authority，FSA）。历史上，美国关于衍生产品交易的监管之争在一定程度上大大降低了美国的监管效率，解决办法也是统一集中监管。金融业务多元化之后，只有集中监管，才能消除监管盲区，同时集中监管也可以消除监管中的"搭便车"现象。因此，可以考虑未来我国外汇衍生产品市场监管总的发展趋势是走集中监管的道路。但是在我国相关法律修改之前，金融机构只能分业经营，分业监管也是目前的必然选择。鉴于外汇衍生产品本质上是衍生证券，证监会相关部门如期货部门的介入监管是必不可少的。而且由于衍生产品市场波动对基础资产市场影响巨大，从金融稳定的角度考虑，央行和外汇管理局相关部门的监管也是必要的。在未来的监管体制中，建议成立专门的衍生产品监管委员会或者统一的金融监管局，以便对金融衍生产品实行统一的监管。

3. 建立风险评价体系

我国目前衍生产品的风险评价系统还很不完善，对风险的度量多半停留在市场风险的范围，而且历史资料不全，对方差的计算和估计不准确。根据《巴塞尔协议》和国际金融创新监管的经验，建议对金融衍生产品的交易进行科学全面的评价，逐步建立适合我国的金融衍生市场风险评价机制。各机构应该根据 VaR 风险评价模型建立自己的内部风险模型，准确记录历史数据，科学计算标准差。在风险的度量中，不仅要重视市场风险，更要重视信用风险和操作风险，实行全面风险管理。尤其是严格控制操作风险，切实加强内部控制，严格执行事权划分，实行交易、结算、会计处理的分离。

4. 成立独立清算公司

我国目前商品期货交易所附有清算职能，清算只是交易所内部的一个机构，仅负责日常交易的清算，缺乏对交易所的风险监督和控制功能。新成立的中国金融期货交易所交易制度中也套用了商品交易所的清算办法，将清算功能纳入交易所管理。建议成立专门的金融衍生交易清算中心，与各交易所分开，并对各交易所和交易商的交易进行监督，清算中心对交易商的头寸每日盯市，划转资金，并向监管部门报告可疑的交易，将风险因素控制在萌芽阶段。最终全国形成统一的清算中心，有利于节约交易商资金成本，提高结算效率，充分发挥清算公司的监督和制约机制，降低系统风险。

5. 引入灵活交易制度

建议实行做市商制度，做市商通过连续的双向报价可以在一定程度上维护交易量，活跃市场和保证市场价格变动的有序和连续，从而为市场提供"即时性、流动性"，维持交易的连续性，降低市场风险，发挥衍生市场功能，提高衍生市场效率。在我国期货市场目前实行的指令驱动型的交易机制的基础上，可以先在一些不活跃的品种以及新推出的品种上推行做市商制度，以提高上市品种的流动性，稳定上市品种期货价格，并吸引套期保值者和投机者积极参与期货交易，进而充分发挥期货市场规避风险和发现价格的功能。第一阶段，发展仓单市场的做市商制度；第二阶段，引入期货基金承担场内做市商义务；第三阶段，全面实施做市商制度。建议在今后的衍生市场监管中，以建立灵活有效的市场制度为契机，鼓励金融创新，发挥金融衍生产品的优势，控制市场的大幅波动，提高市场有效性。

6. 积极引导金融创新

新的监管模式应该顺应市场需求，引导市场的创新，繁荣金融市场。建议我国的衍生产品监管从我国衍生产品市场的需求出发，主动寻找适合市场开发的衍生品种和交易机制，如增加交易指令种类。我国目前的商品期货交易只有限价指令，中国金融期货交易所交易指令增加了市价指令。随着金融期货交易的运行，建议交易所和期货公司陆续推出止损指令、限价止损指令等多种指令方式，不断丰富指令类型，满足市场有效性的要求。另外，建议金融期货交易实行卡片交易机制，给交易商更多的选择机会和交易机会，避免期货交割价格和现货交易价格的脱离，以免引起市场的动荡。

第四节　不确定环境下的投资者有限
理性行为及风险问题分析

　　借款者失信行为是因为低成本地利用了投资者的有限理性，进一步加重了金融平台借款者和投资者之间的信息不对称。分析投资者有限理性行为，有限的信息认知能力和成本导致了投资者有限理性行为的存在，投资者有限理行为表现为过度自信和过度悲观两种非理性状态，过度自信会导致收益溢价和更高的风险，而过度悲观会导致收益损失，并带来系统性风险问题。信息技术有利于改善投资者的有限理性行为区间。分析投资者有限理性行为对收益和风险的影响可以得出，控制风险和判断风险是平台风险认知的组成部分，如信贷评分、借款者收入是控制风险的重要因子，如近六个月咨询次数是判断风险的重要因子，但提高控制风险能力有可能获得低收益，而提高判断风险能力有可能增进收益。那么，金融平台如何增强投资者控制风险和判断风险的能力呢？在信息环境下，从社会治理层面建立健全金融信用体系是基础和前提，平台风险管理的创新主要是通过提供有效的信用信息，帮助投资者提高智能化投资决策效率，改善投资者的有限理性，再加上法律和政府监管作为维护金融市场秩序的保障，进而形成有机构成的三个方面，这样才能增强平台判断和控制风险的创新能力。

一、投资者有限理性行为

　　金融市场是能实现借贷双方直接交易，展现交易信息和交易过程的双边市场。在分散经济状态下，借款者和投资者之间，一个中心的特征是不同的人知道不同的信息，信息不对称的分散性和多重性现象突出，这导致投资者搜集和揭露信息以解决信息不对称的成本加大，市场信息的噪音降低了信息传递和信息甄别的市场有效性，使投资者的信息认知程度更为有限。投资者对信息认知的有限使我们应科学分析投资者的有限理性行为，即在有限理性状态下，投资者行为的选择问题。

1. 投资者对信息认知的有限性

认知心理学家 Hothersall 和 David 提出，信息须通过认知才会对选择行为发生影响。认知是通过信息的编码、储存、提取、变换和传递等过程完成的。认知能力反映了人脑对信息的加工、储存和记忆提取信息的能力，是人行为的内在能力的要求。信息只有经过信息处理系统才能被人们所认知。人，作为一个信息系统无时无刻不在自觉地运用和处理着信息。全信息理论告诉我们，人的感觉器官获得了关于客体的语法信息之后，人或者机器（计算机）还要通过信息分析系统获取语用信息和语义信息，因为只有获取了语用信息和语义信息才能对客体的价值达到深层次的理解。对行为主体而言，语法信息是直观的、感性的认知，认知程度较低，而语用信息是经过思维加工的理性认知，认知程度较高。一般意义上，行为人获得语用信息和语义信息，表示具有较强理性属性；反之，只获得语法信息，其理性属性最弱。

从认知心理学角度来看，投资决策的过程本身就是一个信息的处理过程。通过各种外在的信息源，投资者运用感性或理性思维对投资决策过程的收益和风险进行计量，并产生一定的心理决策影响，所以投资者对信息认知的偏差有可能导致投资者决策选择的异化现象。认知心理学把人的认知过程看作人脑中信息处理过程，包括信息获取、信息加工、信息输出和信息反馈四个环节。

由于人本身存在情感、情绪、直觉非理性的心理特征及不同的教育禀赋，故投资者在认知过程中存在认知偏差，信息不可能被完全认知到，投资者的认知能力存在有限性特征。投资者有限的认知能力表现在三方面：第一，有限信息认知意味着行为人并不知道答案正确与否，也不知道他不知道什么，换句话说就是行为人没有意识到一些信息。第二，行为人的推理和判断不能超过他的认知能力。第三，行为人认知总是存在无认知空间，一般情况下高认知空间能排除低认知空间，但是低认知空间不能认知高认知空间。由此可见：高认知度投资者往往要比低认知度投资者掌握的信息多，信息与认知度呈正比例关系，且具有变化的递减规律。

信息认知的有限性使投资者决策具有有限理性。投资者受有限认知能力的约束，所以其经济行为处在有限理性状态，投资者对投资收益和风险预期存在非理性的价值判断。

2. 投资者有限理性是交易成本存在的原因

投资者在有限信息认知的环境下进行投资决策，其决策行为存在有限理性的交易成本。交易成本又称交易费用，并发展成交易成本理论。交易成本是由诺贝尔经济学奖得主科斯提出的，其根本的理论观点是，在经济体系中，市场的价格机能的成本相对偏高于企业组织体，故在人类追求经济效率的环境下，产生了企业的专业分工体系，从而阐明了企业的本质。随着新制度经济学的发展，交易成本泛指所有为促成交易发生而形成的成本。交易成本理论建立在萨维奇式理性的假设基础上，而按西蒙的说法，这种理性就是"有限理性"。

思考投资者有限理性所产生的交易成本问题，我们认为投资者有限理性交易成本不仅包括信息认知成本，而且还包括他认知所付出的时间成本。认知成本是指投资者在增强自身认知能力的同时所付出的代价。时间成本是指投资者认知信息所耗费时间的机会成本。有限理性交易成本的提出更客观描述了在现代金融领域，投资者参与金融投资业务所面临的困难，即投资者为信息认知所付出的代价，有限理性代价过高，投资者不会选择参与，双边市场交易无法形成，双边市场要让众多的投资者都直接参与进来，就需要实现信息的作用，降低投资者的有限理性成本，即认知成本和时间成本。

在不同的信息认知状态下，投资者认知成本和时间成本表现有所不同，在低信息认知状态下，投资者认知度低，认知成本高，故此时，认知成本对风险收益影响显著；在高信息认知的状态下，投资者认知度高，但是需花费较高的时间机会成本，故此时，时间成本对风险收益影响显著。这表明：当投资者信息认知度低时，认知成本对有限理性成本表现敏感，但随着信息认知度的提高，认知成本的敏感度不会降低，而时间成本对参与成本表现敏感。可见，投资者有限理性受认知成本和时间成本的影响，具有客观存在性。

二、投资者有限理性行为造成的市场风险问题分析

在不完全信息市场环境下，投资者有限理性行为符合 Sheilfer 提出的三个假设：一是投资者是有限理性的，在收集、处理信息时会受到自身心理因素的影响；二是投资者非理性投资行为与心理影响体现出一定的同步性；三是投资者非理性的决策行为，有可能产生证券价格与实际价值的偏差。投资者有限理性行为导致投资收益和风险的不确定性。Merton 及后来的学者研究发现，认知风险对期望收益率是正向关系，而对实际收益率是负向关系。

1. 不确定性下的行为决策

市场经济系统建立在分工与交换的基础上，各市场经济主体都需要做出市场选择，例如：厂商选择生产什么，如何生产；消费者选择消费什么，如何消费；投资者选择投资什么，有多大风险等。经济主体的决策行为决定着他们有可能获得的效用大小，然而对于可获得效用的把握却是不确定的，尤其是在跨期的市场交易行为中，经济主体决策的不确定性最为

突出。不确定性是指对于投资者来说，许多决策并没有延伸到未来，未来可得到的效用机会和决策的后果，都是不完全确知的。奈特在他的《风险、不确定性和利润》一书中区分了两种不确定性，一种是风险，风险是可度量的不确定性，风险概率可估计；另一种是不确定性，不确定性是不可度量的风险。风险是一种人们可知其概率分布的不确定，人们可以根据过去推测未来的可能性；而不确定性则意味着人类的无知，因为不确定性表示着人们根本无法预知没有发生过的将来事件，它是全新的、唯一的、过去从来没有出现过的。

不确定性是经济主体决策系统中最本质的特征，信息知识的有限性则是这个系统生成不确定性的主要原因。站在后现代哲学立场上的学者指出："在一个人的认知能力受有限知识规约的经济世界中，经济学方法论在本质上应是非基础主义的，由于人类知识的性质，决定了不可能设计出一个完备的项目，将其转化为一种确定的封闭式的组织。"这在一定程度上否定了新古典经济学派的方法论，即行为"经济人"被赋予"完备理性"，经济行为者不需要关注知识问题，他们既没有学习欲望，也没有学习动力，故新古典经济系统是一个没有知识约束的方法论，理性经济人按照利润最大化或者效用最大化原则。

经济行为不确定性的存在，要求经济学方法论回归到人们对经济系统不确定性、复杂性和演化性特征的认识中，以知识为基础的，在知识上的每一变化开启了在活动上变化的条件，因此进一步导致了在知识上的无限变化。知识生产和经济活动的这种相互创生关系，对经济学研究范式的多元化和开放性提出了新要求。不确定性行为范式致力于建构市场的风险管理理论，倡导风险认知，它使人类决策活动自觉地根据信息成本和信息价值，处理决策的不确定性问题。

2. 预期效用

通常市场行为人通过获取信息来减少其决策不确定性的可能性，信息是不确定性的负量度。斯蒂格利茨发现了市场不完全和信息成本问题，并且提出了信息不对称下的提高经济效益的方案，但他没有揭开信息的神秘面纱，他的分析也只是把信息看作外生变量，而没有深入分析信息本身。穆斯是理性预期学派的代表人物，他在《理性预期与价格变动理论》一文中提出，人们在进行预测时，总是以所有可能获得的信息为基础作为未来预期。

预期效用理论则提出了行为人主观不确定性假说，由冯诺依曼、摩根斯顿等提出，认为风险情境下的最终决策结果的效用水平是决策主体对各种可能出现的结果的加权估计后获得的，投资者追求的是预期效用的最大化。预期效用理论建立在个体偏好理性一系列公理上，如完备性公理、传递性公理、连续性公理和独立性公理，用来建立一个个效用函数，以做出不确定条件下的决策行为的效用最大化。

预期效用理论把不确定性引入了理性决策的分析框架，描述理性人在不确定性情境下最优决策行为，然而现实中的行为人并不是完全理性的，也不可能处在信息完全认知的情况下，并且还要受到行为人心理影响产生的认知偏差，这导致人们在决策过程中产生诸如确定性效应、孤立性效用、反射效应等无法解释的悖论。

奈特将概率类型分为先验概率、统计概率和估计概率，他指出先验概率和统计概率都与真正的不确定性没有关系，只有估计概率才与不确定性相关。奈特提出了自己的无知知识观。奈特的估计概率实际上反映的是一种与工具理性相对立的价值理性，即价值判断。价值判断是一种与经济主体认知相关的主观活动，具有主体间的异质性和不确定性的特点，故估计概率并不是线性相关的，是行为人信息认知的表现。

凯恩斯在早期哲学著作《概率论》中提出了逻辑概率理论，它是信念理性的逻辑基础，信念理性表示人们在面对不确定时获取的知识，并据此做出决策的方式。其中，知识的分类包括严格知识、不完全知识、模糊知识、记忆知识和无知状态。凯恩斯为了清楚地说明自己的信念理性观，进行了数理模型的构建，假定存在一组关于命题 h 的知识和一组关于选择结论的 a 命题，并且根据这种知识我们能够判断命题 a 的信念理性度，即 α，那么 a 与 h 之间存在一个信念理性度为 α 的概率关系，信念理性的概率关系公式可以表示为式（6-1）：

$$\frac{a}{h} = \alpha \qquad\qquad\qquad (6-1)$$

当 α=1 时，概率关系是完全确定的，这说明行为人不但搜集到关于命题 h 和 a 之间的全部信息，而且对这些信息能够做出正确的判断。行为人处在完全理性的理想状态。

当 α<1 时，概率关系只具有某种程度的确定性，这说明行为人的逻辑推理与结果不具有完全的确定关系，行为人只具有不完全的信念理性度。概率关系的不确定性与人类理性的不完备是一致的。

当 α=0 时，行为人的理性对结论根本不起作用，这是一种极端的状态。

信念理性的概率公式将概率关系的确定性程度与信念理性度联系在一起，为在理性范围内解决不确定性问题拓展了理论空间。信念理性强调在不可能获得完备知识下，直觉等非理性因素在人们面对不确定时的选择行为中的重要作用，从而将有限知识论与不确定性条件下的选择理论连接起来。在当代知识论中，对信念比较一致的看法是认为，信念是某种特殊的信息生产状态，一种认知状态，种意向状态，信念在人们的决策中发挥着不可或缺的作用，那就是决策的信心，或是信任度。依此，凯恩斯提出真实的不确定性决策无法用数量化的概率来描述真实的不确定性存在本身是不能用数量化概率来确定，不确定性知识观认为在这个不确定的世界里，人类根本没有能够获取确定性知识的能力。

凯恩斯的信念理性观告诉我们，行为不确定性决策是一种价值判断的过程，而信息的世界是复杂的，人类对信息的认知总有无意识的认知空间，这也导致了我们无法在现实世界对不确定性做出确定性的判断。

三、提高控制风险和判断风险能力

从信息认知的角度看，投资者有限理性问题实质是投资者有限理性状态下的收益和风险的不确定性情况。投资期望与实际投资的结果之间的差距代表了投资者的有限理性状态熵。控制风险和判断风险的能力体现了投资者有限理性状态，是投资者对借款者违约行为的风险认知。其中，信贷评分、借款者收入是投资者控制风险的重要认知因子，而近六个月咨询次数是判断风险的重要认知因子。借款方的信用及实力的评价可以成为控制风险的有效指标，对借款方的风险实时监控则是判断风险的有效指标。

总之，要求平台增强投资者控制风险和判断风险的能力，通过有效改善投资者有限理性达到治理借款者失信行为的目的。那么，作为信息中介性平台，如何增强投资者控制风险和判断风险的能力呢？笔者认为，一方面，从社会治理层面来看，需要建立健全金融信用体系。通过大数据征信，建立对每一个借款者的信用评分制，通过信用信息的纠漏，使投资者能够较全面地、较准确地了解到借款者的信用状态，同时建立有效的失信惩戒制度，让借款者为他的失信行为付出代价，一处失信，处处受限，让借款者不敢，也不能轻易失信，以此通过风险控制实现借贷双方的信任联结。另一方面，平台需要在金融信用体系建设的前提下，实现风险管理的创新。其风险管理创新主要是通过提供有效的信用信息来帮助投资者进行判断和控制风险，通过提高智能化投资决策效率，改善投资者的有限理性；最后，还需要通过法律和政府监管的制度建设，以构建金融市场秩序，维护投资者的权益。这样系统地建设，更有利于大数据信息在控制风险和判断风险中发挥中介功能性作用，以实现金融的创新发展。

第五节　不确定环境下期权风险管理的应对策略

一、投资者关于期权风险管理的策略

1. 期权组合策略的应用

期权组合策略是指将标的资产与期权、期权与期权等根据不同需要相互组合,实现增加收益、降低风险的目标。单个标的与单个期权可以构建四种组合策略,即由标的多头加看涨期权空头构成的组合、标的空头加看涨期权多头构成的组合、标的多头加看跌期权多头组合和标的空头加看跌期权空头组合。价差期权交易策略是指持有相同类型的两个或者多个期权头寸,主要包括牛市价差期权(可通过看涨或者看跌期权来构建)、熊市价差期权以及碟式价差期权策略。

组合期权包括同一种股票的看涨期权和看跌期权,常用的组合期权策略主要是跨式期权策略,即同时买入具有相同执行价格、相同到期日、同种股票的看涨期权和看跌期权,一般当投资者认为标的资产价格会有重大变动,但是不知道其变动方向时,可以采用该策略。

宽跨式期权组合策略是指投资者购买相同到期日但执行价格不同的一个看涨期权和一个看跌期权,通常是当预期标的价格会有大幅变化但不确定价格变动方向时使用。宽跨式期权策略股价的变动幅度要大于跨式期权策略的价格变动时,投资者才有可能获利,但是若价格一直处于中间价态,宽跨式期权的损失也是比较小的。

2. 期权对冲策略的应用

期权对冲策略主要包括 Delta 中性对冲、Gamma 中性对冲以及 Vega 中性对冲的应用。因为 Delta 值在不断变化，投资者套期保值的头寸保持 Delta 中性状态只能维持十分短暂的时间，所以在进行一次对冲后，还需要不断进行调整，就是所谓的动态对冲，这与静态对冲相对应。静态对冲中，一般开始对冲后，不再进行调整，所以也被称为保完即忘操作。这同样适用于 Gamma 中性对冲与 Vega 中性对冲。与静态对冲相比，动态对冲越频繁，套期保值的效果就可能越完美，但是频繁的对冲也需要付出较大的对冲成本，尤其是保持单个期权和相应标的资产的中性状态时，其成本可能是十分高昂的，但对于大额期权证券组合，中性保值策略则更为可行，只进行一次交易就可以使整个证券组合变成 Delta 中性、Gamma 中性或者 Vega 中性。因此，在 1985 年，Leland 提出了考虑交易成本条件下的对冲模型，他通过修正 B – S 定价模型中的波动率来改善对冲效果，在波动率计算公式中加入了一个与交易成本成正比的调整因子。

3. 期权套利策略的应用

期权套利策略的应用主要是基于看跌期权与看涨期权的评价关系。该关系是根据欧式期权推导出来的，它指出，某一确定执行价格和到期日的欧式看涨期权的价格可以根据具有相同执行价格和到期日的欧式看跌期权价格推导出来，如果等式不成立则很有可能存在套利机会。如果等式左边小于等式右边，则等式右边的组合就是被高估了，此时套利策略就是买入等式左边的证券，卖出等式右边的组合，即买入看涨期权，卖出看跌期权和股票头寸，这时就会产生正的现金流，然后将这笔现金按无风险利率进行投资，到期时可以得到现金流，此时投资者均可以按执行价格 K 买入一只股票，用来平仓原空头股票，因此净利；反之，则相反。

4. 合成期权策略的应用

对于证券组合管理者来说，形成所要求的合成期权，有时比在市场上直接购买期权更有吸引力，原因主要在于以下两方面：一是期权市场并不总是有足够的流动性吸收这些拥有大笔资金的组合管理者将进行的大笔交易；二是组合管理者有时很难在期权市场找到所需要的期权品种。因此，他们可以使用证券组合本身或者其他指数期货合约交易来构建合成期权。构成合成期权的操作其实就是持有一种标的资产，使其 Delta 正好等于所需期权的 Delta。

二、建立健全期权市场风险监管体系

目前，我国期权市场仍然处于发展初期，所以有关部门对期权市场应该施行较为严格的法律监管。尤其是针对我国资本市场散户参与者居多的情况，更应该加强对期权市场的风险控制。合理、有效的期权市场监管体系是保证期权市场安全有序运行的重要保障，这不仅是出于期权风险防范需求，同样也是为了让期权市场的功能可以得到更好的发挥。目前，我国对期权市场的监管体系还不健全，期权市场的有效运行缺乏法律依据和保障，这可能与我国期权推出的时间较短有关系。针对这种情况，我国期权监管体系的构建可以从以下几个方面努力：

首先，建立健全与期权有关的法律法规，让期权市场可以做到有法可依。我国期货市场发展相对比较成熟，期货方面的法律法规建设也相对较完善，可以借鉴期货市场关于法律法规的制定经验，逐渐完善我国期权法律法规。

其次，交易所是我国期权市场运行的重要场所，因此各交易所应该构建更加完善的交易平台，目前我国期权市场的交易规则以及风险控制办法的制定可以参考期货市场的交易规则，制定较为细致严格的交易规则。

最后，监管部门应及时与会员单位，如证券业协会、证交所等进行沟通与交流，不断完善期权业务的风险控制架构，逐步形成稳定有效的期权监管体系，促进期权市场的稳定持续运行。

三、发挥自律机构风险控制功能，加强投资者教育

我国期权市场运行一年之际，相关数据表明期权市场的参与者中，个人投资者所占的比例达到了97%，可见我国个人投资者占据着期权市场的绝大部分，所以对散户投资者的风险管理就至关重要。我国期权市场的自律机构主要包括中国证券业协会以及证券交易所，符合条件的证券经营机构及其他机构都可以申请加入自律机构或组织。对于投资者的风险控制和教育，证券交易所可以根据投资者适当性管理要求，针对期权市场个人投资者设置较高的准入门槛，除了在资金上制定门槛外，还可以对投资者的投资经验进行测试并制定相应的限制，对投资者实施分级管理体系。此外，交易所还需要对个人投资者的持仓以及购买金额进行限制，有效控制个人投资者的期权交易风险。

对于证券业协会以及证券公司为了帮助个人投资者更加清楚、客观地认识期权市场参与的风险，应该定期对客户进行期权培训，做好投资者风险教育工作。此外，证券公司还应该定期对客户风险承受能力进行测试，客观评估客户的风险承受能力，向客户推荐更加符合其风险承受能力的产品，从而最大限度地保护好投资者的利益。

目前我国上交所、中国证券登记结算有限公司已经出台了相关期权风险控制管理办法，风险控制指南以及期权试行交易规则、结算等制度，尤其对保证金制度、持仓限额制度、大户持仓报告制度、强行平仓制度、取消交易制度、结算担保金制度和风险警示制度等都做出了明确和严格的规定。这对期权风险的防范与控制都起到了重要作用。

四、期权与供应链金融结合以控制金融风险

1. 可行性

期权作为一种比较成熟的金融衍生工具，应用于供应链金融业务的可行性，可以从三个方面来分析：供应链金融业务的需求，在供应链金融业务的性质以及形式下引入期权的可行性，期权合约本身应用基础的成熟度。

（1）供应链金融业务模式本身在一定程度上具有信用风险防范的功能，但面对供应链中主产品或是原料或是产成品价格的大幅波动，风险防范效果却不是非常有效。因此，供应链金融业务发展到这一步需要引入新的风险防范工具。而期权具有风险对冲的作用，借款企业可以通过购买期权，锁定质押物的最低市场价格。

（2）供应链金融的业务模式允许引入期权进行质押物市场价格风险的防范。在供应链金融业务中，企业的质押物由银行交给第三方物流监管企业进行监控，通过第三方物流企业银行可以掌控质押物真实的市场价格。同样，一旦借款企业为质押物购买了期权，银行可以通过与交易所的合作，掌握质押物的真实的期权价格与执行价格。

（3）期权已应用至供应链的风险防范中。宁钟和林滨将期权合约嵌入供应链的风险管理，研究发现供应商可以通过期权来降低自身的经营风险，这同样是利用期权合约规避了商品价格变动的风险。Martinez 和 Barnes 等在假设期权价格固定的前提下，发现期权的引入对提高供应链效率具有积极的作用。在模型建立中，我们同样假设期权价格固定不变。供应链金融业务是建立在供应链基础上的小额信贷业务，既然期权有嵌入供应链的先例，同样可以将期权与供应链金融业务相结合。

2. 流程设计

在供应链金融业务中由于要规避质押物市场价值下降的风险，所以主

要运用的是看跌期权，与现货市场的质押物实现风险对冲。具体业务操作流程设计如下：

（1）核心企业这里依然是起到为借款企业提供信用支撑的作用。

（2）借款企业将质押物质押给银行，具体由第三方物流监管，银行同样需要向物流公司支付监管费用。同时，借款企业在期权市场上获取看跌期权的长头寸，由银行、物流监管企业、借款企业以及期权卖方共同决定期权价格和执行价格。

（3）银行向借款企业提供贷款。

（4）第三方物流企业允许质押物的综合市场价值在警戒线之上时自由出入，综合市场价值以期权执行价格计算为准，因为期权的执行价格锁定了合约到期时质押物最低的市场价格。

（5）借款企业还款。

（6）银行通知物流监管企业放货，同时企业比较市场价格与执行价格，看是否需要行权。

（7）物流监管企业放货。

（8）若借款企业违约，则银行变实质押物，同时假若达到了行权标准，则银行行权将会获得期权市场的收益。

3. 控制要点

将质押物在期权市场上进行套期保值风险控制，主要有三个风险控制要点：

（1）执行价格和期权价格的设定。期权价格是对质押物进行套期保值而需要借款企业做的额外投资，这笔投资并不是一笔小费用，特别当整个市场看跌质押物市场价格时。借款企业很难有这么一笔闲置的资金，所以需要银行代为支付算作贷款的一部分。执行价格这里是指在综合市场情况的基础上，设定的与当下质押物现货价格相差无几的金额，因为执行价格的设定主要是为了对冲现货市场上的价格风险。所以，一是期权的初始投资需要银行代为支付；二是执行价格需要银行代为把控。

（2）期权市场的收益控制。一旦贷款到期，在企业没有违约的情况下，若企业行权期权市场上的收益归企业所有；一旦企业违约，若需行权，期权市场的收益归银行所有。所以在企业贷款归还之前，银行对期权市场的收益要有有效的控制。

（3）对借款企业行权日期的控制。第一章已简要介绍了欧式期权和美式期权，现实中期权交易所交易的大多是美式期权，因为美式期权可以在到期日之前任何时刻行使，所以需要银行和期权交易所共同控制借款企业的行权日期。本章中为了研究方便假设交易的是欧式期权，欧式期权只能在到期日行使，可以将到期日和企业约定的还款日设置为同一天，这样可以真正实现对标的资产的现货市场价格风险的对冲作用。假如企业提前还款，则银行放弃对期权的控制。

以上三个业务风险控制要点也是具体融入供应链金融业务的，除了第一个风险控制要点不需要行权，第二个和第三个风险控制要点需要质押物的市场价格达到行权条件。在图 1 - 3 （a）中可以看出，只有当标的资产的价格也就是质押物市场价格低于执行价格时期权才有意义，借款企业才会考虑行使权利，此时银行才需要对期权的收益以及行权日期进行控制。

五、建立一系列科学的机制

1. 建立科学的创新机制

首先必须进一步加大金融体制改革的力度，加快制度创新的步伐，建立现代金融企业制度。在金融机构中积极推进股份制改革，以理顺产权关系、实行政企分开为中心，建立规范的法人管理结构，进一步确立以市场为导向，以效益为目标的经营职能，完善以开拓业务和风险防范为目标的内控机制。其次要创造良好的金融环境。金融机构金融衍生产品的良性发展必须要有一个良好的金融环境加以支撑，否则金融衍生产品就不可能得到顺利的可持续发展。这其中最主要的就是建立必要的法律及政策的支持。金融衍生产品的发展是以法律及政策的支持为前提的。因此，建立必要的法律及政策支持系统对金融机构的金融衍生产品尤为重要，它有利于推动和保障金融机构金融产品创新活动正常、有序、健康的发展。

2. 建立科学的技术创新机制

首先要加快电子化应用步伐。各金融机构应合理调整中心布局，充分利用计算机网络技术，告别独立、分散的经营管理模式，建立高度集中、高度统一的电子化体系，形成业务办理快捷、数据处理集中、信息传输通畅、指挥调度灵活的计算机高效运营系统。其次要建立高度灵敏的信息收集、整理及反馈系统。能够及时得到并处理各种信息，以便能够及时、准确地采取相应的措施，以免贻误良机。

3. 建立科学的产品创新机制

首先要建立科学的跟踪分析机制。各金融机构都要能够及时追踪国际、国内金融行业的最新动态，注意学习它们的最新金融衍生产品成果。其次要强化中国人民银行的引导作用。中国人民银行作为我国的中央银行对金融机构的金融衍生产品起监管作用的同时应该加强对其引导作用。最后要改变原来那种金融衍生产品都是由各金融机构总部设计出来后，从上到下照搬不误地推行，而不考虑地区之间的差异性的做法。应该给予基层机构一定的经营自主权，增强基层机构的独立性。

六、发展中国金融衍生产品的战略

选择发展中国金融衍生产品的战略既要借鉴国外的成功经验，又要立足于中国当前的实际。我国金融衍生产品的发展，不仅要与我国经济和金融市场化的发展阶段相适应，也要与金融衍生产品从简单到复杂、从低级到高级、从低风险到高风险的发展过程相适应。因此，我国选择发展金融衍生产品应采取分步实施的战略。

1. 先进行场内交易，再进行场外交易

也就是说，先进行期货期权交易，再进行互换交易和场外期权交易。场内交易，即在高度组织化的交易所进行交易。场内交易有严格的交易、交割和结算规则，能够通过保证金制度和每日结算制度等，把信用风险降到最低限度。商品期货发展的实践说明，在我国当前法制有待完善、法制意识有待提高的情况下，优先发展场内交易有利于金融衍生产品市场的发展，场外交易虽比较灵活多变，但其弊端也十分明显：交易标准化低，市场透明度不高，管理中存在法律的不确定性。场外交易中存在许多监管的盲点，极容易出现风险事件。

2. 先期货交易，后期权交易

从期货市场的发展顺序看，期权是在期货之后发展起来的，从某种程度上讲，期权是期货的高级形式，其中许多期权是以期货为标的物进行交易的，其目的是为期货交易提供一种保值工具。从交易技术上看，期权交易的复杂程度远远大于期货交易：期货可以先买后卖，也可以先卖后买；而在期权买卖的过程中，还存在购买"买权"或是"卖权"的问题。因此，只有先进行金融期货交易，积累了一定的交易经验和管理经验之后，才能进行期权交易。

3. 先股票指数期货，后国债期货和外汇期货

上海和深圳两家证券交易所均编制了综合指数和成分指数，交易结果显示：上述股票指数客观地反映了股票价格的走势；股票价格和价格指数波动很大，股票交易风险增大。股票市场不仅迫切需要期货机制进行套期保值、规避股票价格风险，也需要期货交易的做空机制来保持市场平衡。上市段指期货的市场障碍小于国债期货和外汇期货。我国虽然开展过国债期货，但国家统一制定基准利率，利率不能自由变化，恢复国债期货交易

有赖于利率的市场化进程，我国目前实行的是有管理的浮动汇率制度，开展外汇期货需要逐步放开外汇和汇率管制。相比之下，发展股指期货的条件较为成熟，股指期货应成为我国金融期货的首选品种。

4. 金融期货交易要在期货交易所进行

国际金融衍生产品市场发展的经验和我国发展国债期货的教训表明，期货交易和现货交易采用的是不同的运作机制，使用的是不同的管理方法，防范的是不同的市场风险，追求的是不同的交易目的。因此，在现货市场交易期货产品，不仅容易把金融现货和金融期货混在一起，使市场监管部门用管理现货的方法管理期货，给市场造成极大的管理风险；也不能使现有的期货交易所发挥应有的积极作用，造成资源的严重浪费。

5. 先试点，后完善

先选择一个或几个品种进行试点，在试点中不断完善交易规则和管理制度，完善期货市场管理法规。待在试点中积累了一定经验、金融现货市场发展到一定程度后，再全面发展，最大限度地降低金融衍生产品的负面效应。就我国现实来看，目前金融市场的容量与 20 世纪 90 年代初相比有了质的飞跃，基础金融产品的发展必然要求衍生产品的开发与交易，市场监管虽然还不完善，但法律框架和监管能力都有了长足进步，对衍生产品风险绝非无力控制，因此目前可以开展金融衍生产品的试点并初步推广。

七、防止金融部门系统性风险爆发

为防止金融部门系统性风险爆发，应注意以下四点：

1. 监管部门应构建多维度、多指标的金融系统风险评估体系

最近几年广受关注的金融去杠杆一直是学界的热门话题，杠杆率确实是一个重要风险指标，但正如本章所指出，我国很多金融业务属于表外业务，债务杠杆率不能全面反映真实情况，因此需要补充其他风险指标来完

善风险评估体系，如市场波动率、违约距离等。同时，监管部门要重点监察金融机构表外业务，督促金融机构及时披露表外业务数据。

2. 逐步完善多层次资本市场建设，发展多元化融资渠道，增加股权融资比重

银行部门总资产占金融部门总资产的绝对比重，以银行为中心、债务融资为主导的融资模式造成资产负债表资本结构错配风险，而股权融资可以降低债务杠杆率，减少资本结构错配风险。我国近几年一直在推动改善中小企业融资困难局面，但以银行贷款为主的融资方式难以改善中小企业融资恶化的局面，主要原因是中小企业盈利能力相对较弱，抵押资产更少，对于银行而言风险更高，银行风险偏好更保守，故银行对中小企业设置门槛更多。但一级市场股权投资可以很好解决这种矛盾，特别是高科技初创公司受到风投机构青睐。

3. 维护市场稳定

本章结论强调，当债务杠杆率处于较高水平时，市场波动对违约风险影响最大，市场出现剧烈波动则违约风险骤然飙升，故维护市场稳定是政府防控系统性金融风险的重要措施。相比发达国家，目前我国资本市场机构投资者占比较少，散户更多，"羊群效应"显著，个人投资者易受到信息干扰，经常做出非理性选择，导致市场波动更为频繁，政府应加快推动机构投资者入市，机构投资者更加专业，其决策更加理性，会有效减少市场波动。此外，我国社保基金规模较大，受考核机制影响，我国社保基金一直未进入我国股市，且收益率处于低水平。社保基金投资权益类资产，可以为我国资本市场提供长期稳定的资金来源，提升资本市场活力，也能防止因其他资金的撤出引发的资本市场波动，有利于维护市场稳定。

4. 进一步推动资金流向实体部门

我国金融部门杠杆率升高主要原因是资金脱实向虚，资金在金融部门内空转不仅抬升金融资产价值泡沫，加剧金融风险，还造成资源配置效率

低下，损害实体部门。我国在 2017 年相继实施一系列去杠杆措施，效果显著，但在金融去杠杆过程中也对实体部门造成一定负面影响，2018 年我国经济面临较大的下行压力。由于去杠杆成效显著，目前我国已由去杠杆转向稳杠杆阶段，这一阶段要进一步引导资金流向实体部门，一方面鼓励银行敢贷、能贷，不能歧视民营企业；另一方面应加快开放大型集团公司联合设立中小微企业金融支持机构，为中小微企业提供更多融资支持。

第七章 结论与展望

第一节 结 论

金融市场的突发事件往往风险影响巨大，被称为"黑天鹅"事件，造成的风险是难以及时止损的。期权因其损失有限，而收益无限大，是对付"黑天鹅"风险的利器。在当今大数据时代的背景下，更应用科学的方法理性分析和研究期权定价问题和期权产品选择决策问题，通过科技创新引领金融强国建设，进一步提高中国在国际金融市场的地位。

本书在广泛收集期权定价问题和期权产品选择决策问题国内外文献的前提下，全面分析了目前相关研究的基本特征和局限性，总结出如下结论：期权定价问题是一个在信息不完备、多因素影响的实时动态系统内的不确定性决策问题。尽管目前对该问题的探讨已有许多研究成果，解决了大量的实际问题，但是仍没有完全贴近现实情况的不确定决策理论与方法。本书在分析已有关于期权定价问题的理论的优势和不足的基础上，把不确定理论应用于期权定价问题和期权产品选择决策问题，用不确定过程驱动的微分方程描述股票价格的变化曲线，从一个新的角度进行了基础性研究。本书研究的核心内容主要是第二章至第五章，具体做了以下工作：

首先，基于股票价格曲线可由微分方程描述的理论基础，对原始股票的风险类型进行了分析。主要包括基于不确定微分方程的稳定性理论的研究成果，探讨了多维度不确定微分方程，多因素不确定微分方程的稳定性的相关研究。讨论了所定义的各种稳定性的前提条件和性质，为期权产品的风险类型分析提供了理论基础。对金融产品风险分类的研究结果表明：当原始股票价格模型是 p - 阶矩稳定的，此期权产品将受到风险厌恶型投资者的喜爱；当股票模型是依均值稳定的，此期权产品将受到风险中性型投资者的喜爱；当股票模型是依测度稳定的，此期权产品风险较高，收益可能极大或极小，可将此产品推荐给风险偏好型客户。这些内容是本书关于金融产品选择决策问题研究的数学基础和理论体系部分。

其次，针对期权价格以所对应的标的物价格为基础，受波动率及无风险收益率等多参数影响的特点，结合现实金融市场中的实际背景，在不确定理论的框架下，分别在股票价格服从指数 Ornstein - Uhlenbeck 模型和货币价格服从均值回望汇率模型的情况下对看涨和看跌期权定价公式进行求解，并在此基础上根据其定价公式的特点设计了相应的算法。这部分内容是本书关于期权定价问题模型及方法研究的理论和基本原理。

最后，利用现实金融市场中的模拟数值算例，给出了期权定价公式的应用过程并通过数值计算结果验证了理论模型的结论及有效性，深入探讨了无风险利率、初始价格、波动率、幂指数与期权价格之间的变化趋势。同时，利用相关的数据逐一给出了各个参数的敏感性分析。这部分内容是关于期权定价问题模型及方法研究的实际应用。

本书将理论与应用相结合，从新的角度对期权定价问题进行研究，主要创新点有以下两个方面：

（1）对期权产品选择决策问题进行理论的拓展，为科学地描述金融产品的风险类型提供理论基础，从而为投资者推荐适合的金融产品，制定合理的投资决策，提高资产的利用率。

（2）期权定价问题模型及方法研究。本书用不确定微分方程刻画股票价格变化的模型，给出相应的欧式期权定价公式，为金融衍生产品的定价研究提供新的方法和手段，拓展研究思路，是对如何科学地解决期权定价问题的有益探索，同时弥补了 Black – Scholes 股票模型的缺陷。

综上所述，本书的研究完全围绕期权定价问题和期权产品选择决策问题，在不同情境下通过对不确定微分方程进行多个维度的分析、推导，制定合理的决策，从而提高对金融产品的利用效率。

第二节 展 望

本书重点研究了期权定价问题和期权产品选择决策问题的理论基础，对建立的决策模型和使用的方法都通过仿真模拟的形式进行验证，为实现正确决策和科学化管理提供了科学依据，但是对于将现实中具体的期权定价问题和期权产品选择决策问题向抽象模型的转化环节研究较为欠缺，该工作在未来有待深入探索。此外，还有以下研究方向可以进行拓展：

（1）期权产品种类繁多，基于对多种期权的定价理论研究的基础，未来可开展各种对冲套利模型的研发。

（2）如前文所述，微分方程和稳定性分为多种类型，目前相关研究仅仅是浩瀚宇宙中的微小星系，未来可以继续拓展。只有相关理论更丰盈，期权产品选择决策问题才可以得到更系统的解决。

参考文献

［1］ Agarwal A, Juneja S, Sircar R. American options under stochastic volatility: Control variates, matwrity randomization & multiscale asymptotics ［J］. Quantitative Finance, 2015, 16 (1): 1 – 14.

［2］ Amin K. Jump diffusion option valuation in discrete time ［J］. Journal of Finance, 1993, 48 (48): 1833 – 1863.

［3］ Bachelier L. Theory of speculation ［J］. Annales Scientific and Econimic, 1900, 17: 21 – 86.

［4］ Ball C A, Torous W N. On jumps in common stock prices and their impact on cal pricing ［J］. Journal of Finance, 1985, 40 (1): 155 – 173.

［5］ Bardhan I, Chao X. Martingale analysis for assets with discontinuous return ［J］. Mathematics of Operations Research, 1995, 20 (1): 243 – 256.

［6］ Bardhan I, Chao X. Pricing options on securities with discontinuous returns ［J］. Stochastic Processes & Their Applications, 1993, 48 (1): 123 – 137.

［7］ Barone – Adesi G, Whaley R E. Efficient analytic approximations of American option values ［J］. Journal of Finance, 1987, 42: 301 – 320.

［8］ Barro R J, Liao G Y. Rare disaster probability and options pricing ［J］. Journal of Financial Economics, 2021, 139 (3): 750 – 769.

［9］ Bibby B, Sorensen M. A hyperbolic diffusion model for stock prices

〔J〕. Finance and Stochastics, 1996, 1 (1): 25 -41.

[10] Bingham N H, Kiesel R. Semi – parametric methods in finance: theoretical foundations 〔J〕. Quantitative Finance, 2002, 2 (4): 241 -250.

[11] Black F, Scholes M. The pricing of options and corporate liabilities 〔J〕. Journal of Political Economy, 1973, 81: 637 -654.

[12] Boyle P P. On options: A Monte Carlo application 〔J〕. Journal of Financial Economics, 1977, 4 (3): 323 -338.

[13] Brennan M J, Schwartz E S. Finite difference methods and jump processes arising in the pricing of contingent claims: A synthesis 〔J〕. Journal of Financial & Quantitative Analysis, 1977, 12 (4): 659.

[14] Broadie M, Detemple J, American option valuation: New bounds and approximation and a comparisan of existing methods 〔J〕. Revrew of Financial Studys, 1996, 9 (4): 1211 -1250.

[15] Broadie M, Glasserman P. Pricing American – style securities using simulation 〔J〕. Journal of Economic and Dynamic Control, 1997, 21: 1323 -1352.

[16] Buetow G W, Sochacki J S. A more accurate finite difference approach to the pricing of contingent claims 〔J〕. Applied Mathematics & Computation, 1998, 91 (2 -3): 111 -126.

[17] Carr P, Wu L R. Option Profit and Loss Attribution and Pricing: A New Framework 〔J〕. Journal of Finance, 2020, 75 (4): 2271 -2316.

[18] Carr P. Randomization and the american put option 〔J〕. Review of Financial Studies, 1998, 11 (3): 597 -626.

[19] Carriere J F, Valuation of early – exercise price of options using simulations and nonparametric regression 〔J〕. Insurance: Mathematics and Economic, 1996, 19 (1): 19 -30.

[20] Chen R R, Yang T T. A universal lattice [J] . Review of Derivatives Research, 1999, 3 (2): 115 – 133.

[21] Chen X, Dai W. Maximum entropy principle for uncertain variables [J] . International Journal of Fuzzy Systems, 2011, 13 (3): 232 – 236.

[22] Chen X, Gao J. Uncertain term structure model of interest rate [J] . Soft Computing, 2013, 17 (4): 597 – 604.

[23] Chen X, Kar S, Ralescu D A. Cross – entropy measure of uncertain variables [J] . Information Sciences, 2012, 201: 53 – 60.

[24] Chen X, Liu B. Existence and uniqueness theorem for uncertain differential equations [J] . Fuzzy Optimization and Decision Making, 2010, 9 (1): 69 – 81.

[25] Chen X, Liu Y and Ralescu D A. Uncertain stock model with periodic dividends [J] . Fuzzy Optimization and Decision Making, 2013, 12 (1): 111 – 123.

[26] Chen X, Ning Y. The pth moment exponential stability of uncertain differential equation [J] . Journal of Intelligent & Fuzzy Systems, 2017, 33: 725 – 732.

[27] Chen X, Ralescu D A. A note on truth value in uncertain logic [J] . Expert Systems with Applications, 2011, 38: 15582 – 15586.

[28] Chen X. American option pricing formula for uncertain financial market [J] . International Journal of Operations Research, 2011, 8 (2): 32 – 37.

[29] Colwell D B, Elliott R J, Kopp P E. Martingale representation and hedging polices [J] . Stochastic Processes and their Applications, 1991, 38 (2): 335 – 345.

[30] Conze A, Viswanathan. Path dependent options: The case of lookback options [J] . The Journal of Finance, 1991, 46 (5): 15.

［31］ Cootner P H. The random character of stock market prices ［J］. Econometrica, 1968, 36 (1): 191 – 192.

［32］ Cox J C, Ross S A. The valuation of options for alternative stochastic processes ［J］. Journal of Financial Economics, 1976, 3 (1 – 2): 145 – 166.

［33］ Cuthbertson K, Nitzsche D. Financial engineering: Derivatives and risk management ［M］. USA: John Wiley and Sons, 2001.

［34］ Dai L, Fu Z, Huang Z. Option pricing formulas for uncertain financial market based on the exponential Ornstein – Uhlenbeck model ［J］. Journal of Intelligent Manufacturing, 2017, 28 (3): 597 – 604.

［35］ Dai M, Wong H Y, Kwok Y K. Quanto lookback options ［J］. Mathematical Finance, 2004, 14 (3): 445 – 467.

［36］ Dai W, Chen X. Entropy of function of uncertain variables ［J］. Mathematical and Computer Modelling, 2012, 55 (3 – 4): 754 – 760.

［37］ Dai W. Quadratic entropy of uncertain variables ［J］. Soft Computing, 2018, 22 (17): 5699 – 5706.

［38］ Deng L, Zhu Y. Uncertain optimal control with jump ［J］. ICIC Express Letters Part B: Applications, 2012, 3 (2): 419 – 424.

［39］ Du K, Liu G, Gu G. A class of control variates for pricing Asian options under stochastic volatility models ［J］. International Journal of Applied Mathematics, 2013, 43 (2): 45 – 53.

［40］ Eberlein E, Keller U, Prause K. New insights into smile, mispricing and Value – at – risk: The hyperbolic model ［J］. Journal of Business, 1998, 71 (3): 371 – 405.

［41］ Feng Y, Yang X and Cheng G. Stability in mean for multi – dimensional uncertain differential equation ［J］. Soft Computing, 2017, 22 (2): 1 – 7.

［42］ Fouque J P, Han C H. A martingale control variate method for option pricing with stochastic volatility ［J］. Esaim Probability & Statistics, 2007 （1） 11: 40 – 54.

［43］ Fouque J P, Han C H. Variance reduction for Monte Carlo methods to evaluate option prices under multi – factor stochastic volatility models ［J］. Quantitative Finance, 2004, 4 （1）: 597 – 606.

［44］ Fouque J P, Tullie T. Variance reduction for Monte Carlo simulation in a stochastic volatility environment ［J］. Quantitative Finance, 2002, 2 （1）: 24 – 30.

［45］ Friedentag H C. Stocks for options trading: low risk, low – stress strategies for selling stock options profitably ［M］. USA: CRC Press, 1999.

［46］ Gao R, Liu K X, Li Z G, Lv R V. American barrier option pricing formulas for stock model in uncertain environment. IEEE Access, 2019, 7: 97846 – 97856.

［47］ Gao R, Wu W, Lang C, et al. Geometric Asian barrier option pricing formulas of uncertain stock model ［J］. Chaos, Solitons & Fractals 2020 （140）: 110178.

［48］ Gao R. Almost Sure Stability for Multi – dimensional Uncertain Differential Equations. Completed manuscript.

［49］ Gao R. Milne method for solving uncertain differential equations ［J］. Applied Mathematics and Computation, 2016, 274: 774 – 785.

［50］ Gao R. Stability in Mean for Uncertain Differential Equation with Jumps ［J］. Applied Mathematics & Computation, 2019, 346: 15 – 22.

［51］ Gao X, Gao Y, Ralescu D A. On Liu's inference rule for uncertain systems ［J］. International Journal of Uncertainty Fuzziness and Knowledge – Based Systems, 2010, 18 （1）: 1 – 11.

〔52〕 Gao Y. Continuous dependence theorems on solutions of uncertain differential equations. Technical Report, 2012 〔EB/OL〕. http: //or-sc. edu. cn/online/111018. pdf.

〔53〕 Gao Y. Existence and uniqueness theorem on uncertain differential equations with local Lipschitz condition 〔J〕. Journal of Uncertain Systems, 2012, 6 (3): 223 –232.

〔54〕 Gao Y. Shortest path problem with uncertain arc lengths 〔J〕. Computers and Mathematics with Applications, 2011, 62 (6): 2591 –2600.

〔55〕 Gao Y. Uncertain inference control for balancing an inverted pendulum 〔J〕. Fuzzy Optimization and Decision Making, 2012, 11 (4): 481 – 492.

〔56〕 Gao Y. Uncertain models for single facility location problems on networks 〔J〕. Applied Mathematical Modelling, 2012, 36 (6): 2592 –2599.

〔57〕 Gao Y. Variation analysis of semi – canonical process 〔J〕. Mathematical and Computer Modelling, 2011, 53 (9 –10): 1983 –1989.

〔58〕 Garman M. Recollection in tranquility 〔J〕. RISK, 1989, 2 (3): 16 –18.

〔59〕 Geman H, Madan D, Yor M. Time changes for Levy processes 〔J〕. Mathematical Finance, 2001, 11 (1): 79 –96.

〔60〕 Geman H, Carr P, Madan D B, Yor M. Stochastic volatility for levy processes 〔J〕. Mathematical Finance, 2003, 13 (3): 345 –382.

〔61〕 Geman H, Carr P, Madan D B, et al. The fine structure of asset returns: An empirical investigation 〔J〕. Journal of Business, 2002, 75 (2): 305 –332.

〔62〕 Goldman M B, Sosin H B, Gatto M A . Path dependent options: "Buy at the low, sell at the high" 〔J〕. The Journal of Finance, 1979, 34

(5): 1111 – 1127.

[63] Haugh, M, L. Kogan. Pricing American options: A duality approach [J]. Operation Research and Forthcoming, 2002, 3: 1156 – 1161.

[64] Heynen R C, Kat H M. Lookback options with discrete and partial monitoring of the underlying price [J]. Applied Mathematical Finance, 1995, 2 (4): 273 – 284.

[65] Heynen R C, Kat H M. Pricing and hedging power options [J]. Financial Engineering & the Japanese Markets, 1996, 3 (3): 253 – 261.

[66] Hull J C. Options, futures and other derivatives, tenth edition [M]. New York: Person Education, 2018.

[67] Hull J, White A. The pricing of options with stochastic volatilities [J]. Journal of Finance, 1987, 42 (2): 281 – 300.

[68] Ito K. On stochastic differential equations [J]. Memoirs of the American Mathematical Society, 1951, 4: 1 – 51.

[69] Ito K. Stochastic integral [J]. Proceedings of the Japan Academy Series A, 1944, 20 (8): 519 – 524.

[70] Ji X, Ke H. Almost sure stability for uncertain differential equation with jumps [J]. Soft Computing, 2016, 20 (2): 547 – 553.

[71] Jia L, Chen W. Knock – in options of an uncertain stock model with floating interest rate [J]. Chaos, Solitons & Fractals, 2020 (141): 110324.

[72] Jiang G J. Stochastic volatility and jump – diffusion – implication on option pricing [J]. International Journal of Theoretical Applied Finance, 2 (4): 409 – 440.

[73] Ju, N, Pricing by American option by approximating its early exercise boundary as a multipiece exponential function [J]. Financial Study, 1998, 11: 627 – 646.

[74] Kahneman D, Tversky A. Prospect theory: An analysis of decision under risk [J]. Econometrica, 1979, 47 (2): 263 – 292.

[75] Kamrad B. A lattice claims model for capital budgeting [J]. IEEE Transactions on Engineering Management, 1995, 42 (2): 140 – 149.

[76] Kassim K B, Lelong J, Loumrhari I. Importance Sampling for Jump Processes and Applications to Finance [J]. Journal of Computational Finance, 2015, 19 (1): 109 – 139.

[77] Kim J, Kim B, Moon K S, et al. Valuation of power options under Heston's stochastic volatility model [J]. Journal of Economic Dynamics & Control, 2012, 36 (11): 1796 – 1813.

[78] Kontosakos V E, Mendonca K, Pantelous A A, Zuev K M. Pricing discretely – monitored double barrier Options with small probabilties of execution [J]. European Journal of Operational Research, 2021, 290 (1): 313 – 330.

[79] Kruizenga R J. Introduction to the option contract, in: P. H. Cootner, ed. The Random of Stock Market Prices [M]. Cambridge: MIF Press, 1964: 277 – 391.

[80] Kwok Y K, Wong H Y, Lau K W. Pricing algorithms of multivariate path dependent options [M]. Academic Press, Inc. 2001.

[81] Lai Y Z, Li Z F, Zeng Y. Control variate methods and applications to Asian and Basket options under jump – diffusion models [J]. Journal of Management Mathematics, 2013, 26 (1): 11 – 37.

[82] Lando D. On jump – diffusion option pricing from the viewpoint of semimartingale characteristics [J]. Surveys in Applied and Industrial Mathematics, 1995, 2 (1): 605 – 625.

[83] Leblanc B, Yor M. Levy processes in finance: A remedy to the nonstationarity of continuous martingales [J]. Finance and Stochastics, 1998, 2

(4): 399 – 408.

[84] Leland H E. Option pricing and replication with transactions costs [J] . Journal of Finance, 1985, 40 (5): 1283 – 1301.

[85] Li S, Peng J, Zhang B. Multifactor uncertain differential equation [J] . Journal of Uncertainty Analysis and Applications, 2015, 3 (7): 1 – 19.

[86] Li S, Peng J. A new stock model for option pricing in uncertain environment [J] . Iranian Journal of Fuzzy Systems, 2014, 11 (3): 27 – 41.

[87] Li X, Liu B. Hybrid logic and uncertain logic [J] . Journal of Uncertain Systems, 2009, 3 (2): 83 – 94.

[88] Liu B. Extreme value theorems of uncertain process with application to insurance risk model [J] . Soft Computing, 2013, 17 (4): 549 – 556.

[89] Liu B. Fuzzy process, hybrid process and uncertain process [J] . Journal of Uncertain Systems, 2008, 2 (1): 3 – 16.

[90] Liu B. Membership functions and operational law of uncertain sets [J] . Fuzzy Optimization and Decision Making, 2012, 11 (4): 387 – 410.

[91] Liu B. Some research problems in uncertainty theory [J] . Journal of Uncertain Systems, 2009, 3 (1): 3 – 10.

[92] Liu B. Theory and practice of uncertain programming, 2nd ed [M] . Berlin: Springer – Verlag, 2009.

[93] Liu B. Toward uncertain finance theory [J] . Journal of Uncertainty Analysis and Applications, 2013, 1 (1): 1 – 15.

[94] Liu B. Uncertain entailment and modus ponens in the framework of uncertain logic [J] . Journal of Uncertain Systems, 2009, 3 (4): 243 – 251.

[95] Liu B. Uncertain logic for modeling human language [J] . Journal of Uncertain Systems, 2011, 5 (1): 3 – 20.

[96] Liu B. Uncertain set theory and uncertain inference rule with applica-

tion to uncertain control [J]. Journal of Uncertain Systems, 2010, 4 (2): 83 – 98.

[97] Liu B. Uncertainty theory (2nd edition) [M]. Berlin: Springer – Verlag, 2007.

[98] Liu B. Uncertainty Theory, 4th edn [M]. Berlin: Springer – Verlag, 2015.

[99] Liu B. Uncertainty theory: A branch of mathematics for modeling human uncertainty [M]. Berlin: Springer – Verlag, 2010.

[100] Liu B. Why is there a need for uncertainty theory? [J]. Journal of Uncertain Systems, 2011, 6 (1): 3 – 10.

[101] Liu H, Fei W, Liang Y. Existence and uniqueness of solution for uncertain differential equations with non – Lipschitz coefficients [J]. Proceedings of the Third Intelligent Computing Conference, Wuhu, China, 2010: 6 – 12.

[102] Liu H, Ke H, Fei W. Almost sure stability for uncertain differential equation [J]. Fuzzy Optimization and Decision Making, 2014, 13 (4): 463 – 473.

[103] Liu J, Ning Y, Yu X. Reverse logistics network in uncertain environment [J]. Information: An International Interdisciplinary Journal, 2013, 16 (2A): 1243 – 1248.

[104] Liu Y, Chen X, Ralescu D A. Uncertain currency model and currency option pricing [J]. International Journal of Intelligent Systems, 2015, 30 (1): 40 – 51.

[105] Liu Y, Ha M. Expected value of function of uncertain variables [J]. Journal of Uncertain Systems, 2010, 4 (3): 181 – 186.

[106] Liu Y. An analytic method for solving uncertain differential equa-

tions [J]. Journal of Uncertain Systems, 2012, 6 (4): 244 - 249.

[107] Longstaff F A, Schwartz E S. Valuing American options by simula-tion: A simple least - squares approach [J]. Review of Financial Studies, 2001, 14 (1): 113 - 147.

[108] Ma J M, Xu C L. An efficient control variate method for pricing va-riance derivatives [J]. Journal of Computational Applied Mathematics, 2010, 235 (1): 108 - 119.

[109] Ma W, Liu L, Gao R, et al. Stability in distribution for multifactor uncertain differential equation [J]. Journal of Ambient Intelligence and Hu-manized Computing, 2017, 8 (5): 707 - 716.

[110] Ma W, Liu L, Zhang X. Stability in p - th moment for uncertain differential equation with jumps [J]. Journal of Intelligent and Fuzzy Systems, 2017, 33 (3): 1375 - 1384.

[111] Ma W, Liu Y, Zhang X. Stability in p - th moment for multifactor uncertain differential equation [J]. Journal of Intelligent and Fuzzy System, 2018, 34: 2467 - 2477.

[112] Macovschi S, Quittard - Pinon F. On the pricing of power and other polynomial options [J]. Journal of Derivatives, 2006, 13: 61 - 71.

[113] Mcmillan L. Analytic approximation for the American put option [J]. Futures Options Research, 1986, 1: 119 - 140.

[114] Mercurio F, Runggaldier W J. Option pricing for jump - diffusions: Approximation and their interpretation [J]. Mathematical Finance, 1993, 3 (2): 191 - 200.

[115] Merton R C. Theory of rational option pricing [J]. Bell Journal of Economics and Management Science, 1973, 4: 141 - 183.

[116] Peng J, Yao K. A new option pricing model for stocks in uncertainty

markets ［J］. International Journal of Operations Research, 2011, 8 （2）: 18 – 26.

［117］ Peng J, Zhang B. Knapsack problem with uncertain weights and values ［J］. Technical Report, 2012 ［EB/OL］. http: //orsc. edu. cn/online/ 120422. pdf.

［118］ Peng J, Zhang B. Towards uncertain network optimization ［J］. Technical Report, 2012 ［EB/OL］. http: //orsc. edu. cn/online/120620. pdf.

［119］ Peng Z, Iwamura K. A sufficient and necessary condition of uncertain measure ［J］. Information: An International Interdisciplinary Journal, 2012, 15 （4）: 1381 – 1391.

［120］ Peng Z, Iwamura K. A sufficient and necessary condition of uncertainty distribution ［J］. Journal of Interdisciplinary Mathematics, 2010, 13 （3）: 277 – 285.

［121］ Rogers C G L. Evaluating first – passage probabilities for spectrally one – sided Levy Processes ［J］. Journal of Applied Probability, 2000, 37: 1173 – 1180.

［122］ Rydberg T H. Generalized hyperbolic diffusions with applications towards finance ［J］. Mathematical Finance, 1999, 9 （2）: 183 – 201.

［123］ Samuelson P A. Rational Theory of Warrant Pricing ［J］. Industrial Management Review, 1965, 6 （4）: 441 – 454.

［124］ Scott L O. Pricing stock options in a jump – diffusion model with stochastic volatility and interest rates: Applications of Fourier inversion method ［J］. Mathematical Finance, 1997, 7 （4）: 413 – 426.

［125］ Sheng Y, Gao J. Exponential stability of uncertain differential equation ［J］. Soft Computing, 2016, 20 （9）: 3673 – 3678.

[126] Sheng Y, Shi G, Cui Q. Almost sure stability for multifactor uncertain differential equation [J]. Journal of Intelligent and Fuzzy Systems, 2017, 32 (3): 2187 – 2194.

[127] Sheng Y, Wang C. Stability in the p – th moment for uncertain differential equation [J]. Journal of Intelligent & Fuzzy Systems, 2014, 26 (3): 1263 – 1271.

[128] Sheng Y. Stability of high – order uncertain differential equations [J]. Journal of Intelligent & Fuzzy Systems, 2017, 33: 1363 – 1373.

[129] Shreve S E. Stochastic Calculus for Finance II: Continuous – time Models [M]. New York: Springer, 2004.

[130] Su T, Wu H, Zhou J. Stability of multi – dimensional uncertain differential equation [J]. Soft Computing, 2016, 20 (12): 4991 – 4998.

[131] Sullivan M A. Valuing American put options using Gaussian quadrature [J]. The Review of Financial Studies, 2000, 13 (1): 75 – 94.

[132] Sun J, Chen X. Asian option pricing formula for uncertain financial market [J]. Journal of Uncertainty Analysis and Applications, 2015, 3 (1): 1 – 11.

[133] Tian M, Yang X, Zhang Y. Barrier option pricing of mean – reverting stock model in uncertain environment [J]. Mathematics and Computers in Simulation, 2019, 166: 126 – 143.

[134] Tilley J A. Valuing American options in a path simulation model [J]. Transition Soctt Actuararies, 1993, 45: 83 – 104.

[135] Tsitsiklis J N, van Roy B. Optimal stopping of Markov processes: Hilbert space theory, approximation of algorithms, and an application to pricing high – dimensional financial derivatives [J]. IEEE Transactions on Automatic Control, 1999, 44 (10): 1840 – 1851.

［136］ Wang G, Tang W, Zhao R. An uncertain price discrimination model in labor market ［J］. Soft Computing, 2013, 17 (4): 579 – 585.

［137］ Wang X, Gao Z, Guo H. Delphi method for estimating uncertainty distributions ［J］. Information: An International Interdisciplinary Journal, 2012, 15 (2): 449 – 460.

［138］ Wang X, Gao Z, Guo H. Uncertain hypothesis testing for two experts' empirical data ［J］. Mathematical and Computer Modelling, 2012, 55 (3 – 4): 1478 – 1482.

［139］ Wang X, Ning Y, Moughal T A, et al. Adams – Simpson method for solving uncertain differential equation ［J］. Applied Mathematics and Computation, 2015, 271: 209 – 219.

［140］ Wang X, Ning Y. Almost sure and pth moment exponential stability of backward uncertain differential equations ［J］. Journal of Intelligent & Fuzzy Systems, 2017, 33: 1413 – 1422.

［141］ Wang X, Ning Y. Stability of uncertain delay differential equations ［J］. Journal of Intelligent & Fuzzy Systems, 2017, 32 : 2655 – 2664.

［142］ Wiener N. Differential space ［J］. Journal of Mathematical Physics, 1923, 2: 131 – 174.

［143］ Yang X, Gao J. Linear – quadratic uncertain differential games with application to resource extraction problem ［J］. IEEE Transactions on Fuzzy Systems, 2016, 24 (4): 819 – 826.

［144］ Yang X, Gao J. Uncertain differential games with application to capitalism ［J］. Journal of Uncertainty Analysis and Applications, 2013, 1 (17): 1 – 11.

［145］ Yang X, Ni Y, Zhang Y. Stability in inverse distribution for uncertain differential equations ［J］. Journal of Intelligent & Fuzzy Systems, 2017,

32：2051 – 2059.

［146］ Yang X, Ralescu D A. Adams method for solving uncertain differential equations ［J］. Applied Mathematics and Computation, 2015, 270：993 – 1003.

［147］ Yang X, Shen Y. Runge – Kutta method for solving uncertain differential equations ［J］. Journal of Uncertainty Analysis and Applications, 2015, 3（17）：1 – 12.

［148］ Yang X, Zhang Z, Gao X. Asian – barrier option pricing formulas of uncertain financial market ［J］. Chaos Solitons Fractals 2019, 123：79 – 86.

［149］ Yao K, Chen X. A numerical method for solving uncertain differential equations ［J］. Journal of Intelligent and Fuzzy Systems, 2013, 25（3）：825 – 832.

［150］ Yao K, Gao J, Gao Y. Some stability theorems of uncertain differential equation ［J］. Fuzzy Optimization and Decision Making, 2013, 12（1）：3 – 13.

［151］ Yao K, Ke H, Sheng Y. Stability in mean for uncertain differential equation ［J］. Fuzzy Optimization and Decision Making, 2015, 14（3）：365 – 379.

［152］ Yao K, Li X. Uncertain alternating renewal process and its application ［J］. IEEE Transactions on Fuzzy Systems, 2012, 20（6）：1154 – 1160.

［153］ Yao K, Qin Z. Barrier option pricing formulas of an uncertain stock model ［J］. Fuzzy Optimization and Decision Making, 2020（20）：81 – 100.

［154］ Yao K. A no – arbitrage theorem for uncertain stock model ［J］. Fuzzy Optimization and Decision Making, 2015, 14（2）：227 – 242.

［155］ Yao K. A type of nonlinear uncertain differential equations with analytic solution ［J］. Journal of Uncertainty Analysis and Applications, 2013,

1: 8.

[156] Yao K. Multi – dimensional uncertain calculus with canonical process [J] . Journal of Uncertain Systems, 2014, 8 (4): 244 – 254.

[157] Yao K. No – arbitrage determinant theorems on mean – reverting stock model in uncertain market [J] . Knowledge – Based Systems, 2012, 35: 259 – 263.

[158] Yao K. Uncertain calculus with renewal process [J] . Fuzzy Optimization and Decision Making, 2012, 11 (3): 285 – 297.

[159] Yao K. Uncertain contour process and its application in stock model with floating interest rate [J] . Fuzzy Optimization and Decision Making, 2015, 14 (4): 399 – 424.

[160] Yao K. Uncertain differential equation with jumps [J] . Soft Computing, 2015, 19 (7): 2063 – 2069.

[161] You C. Some convergence theorems of uncertain sequences [J] . Mathematical and Computer Modelling, 2009, 49 (3 – 4): 482 – 487.

[162] Yu X. A stock model with jumps for uncertain markets [J] . International Journal of Uncertainty, Fuzziness and Knowledge – Based Systems, 2012, 20 (3): 421 – 432.

[163] Zadeh L A. Fuzzy sets [J] . Information & Control, 1965, 8 (3): 338 – 353.

[164] Zhang Z, Gao R, Yang X. The stability of multifactor uncertain differential equation [J] . Journal of Intelligent and Fuzzy Systems, 2016, 30 (7): 3281 – 3290.

[165] Zhang Z, Liu W, Sheng Y. Valuation of power option for uncertain financial market [J] . Applied Mathematics and Computation, 2016, 286: 257 – 264.

［166］Zhang Z, Liu W. Geometric average Asian option pricing for uncertain financial market ［J］. Journal of Uncertain Systems, 2014, 8 (4): 317 – 320.

［167］Zhang Z. Some discussions on uncertain measure ［J］. Fuzzy Optimization and Decision Making, 2011, 10 (1): 31 – 43.

［168］Zhang, X. L, Numerical analysis of American option pricing in a jump diffusion model ［J］. Mathematical Operation Research, 1997, 22: 668 – 690.

［169］Zhu Y. Uncertain optimal control with application to a portfolio selection model ［J］. Cybernetics and Systems, 2010, 41 (7): 535 – 547.

［170］陈溟. Black – Scholes 期权定价的修正模型及其应用性研究 ［J］. 统计与决策, 2011, 7: 135 – 137.

［171］陈孝伟. 有界变差过程不确定分析 ［D］. 清华大学博士学位论文, 2011.

［172］戴伟. 不确定理论中的极大熵原理 ［D］. 清华大学博士学位论文, 2010.

［173］董江江, 高凯, 刘雪汝. 连续 O – U 过程下的欧式复杂任选期权定价 ［J］. 南京师大学报 (自然科学版), 2018, 41 (2): 16 – 22.

［174］高欣. 不确定测度及其应用 ［D］. 清华大学博士学位论文, 2009.

［175］郭研. 金融市场教程 ［M］. 北京: 北京大学出版社, 2004, 20 – 30.

［176］韩立岩, 李伟, 林忠国. 不确定环境下的期权价格上下界研究 ［J］. 中国管理科学, 2011, 19 (1): 1 – 11.

［177］韩立岩, 泮敏. 基于奈特不确定性随机波动率期权定价 ［J］. 系统工程理论与实践, 2012, 32 (6): 1175 – 1183.

［178］韩立岩，周娟．Knight 不确定环境下基于模糊测度的期权定价模型［J］．系统工程理论与实践，2007（12）：123 - 132.

［179］姜礼尚．期权定价的数学模型和方法［M］．北京：高等教育出版社，2008.

［180］刘春红．市场有摩擦情形下的期权定价［D］．吉林大学博士学位论文，2007.

［181］刘海龙，吴冲锋．期权定价方法综述［J］．管理科学学报，2002，5（2）：67 - 73.

［182］刘文倩，韦才敏，卜祥智．混合分数布朗运动环境下欧式障碍期权定价［J］．经济数学，2018，35（4）：16 - 20.

［183］马勇，张卫国，刘勇军，傅俊辉．模糊随机环境中的欧式障碍期权定价［J］．系统工程学报，2012，27（5）：641 - 647.

［184］彭子雄．复不确定变量［D］．清华大学博士学位论文，2012.

［185］钱立．简评期权定价理论的主要发展［J］．经济科学，2015，22（4）：89 - 97.

［186］任玉超，张卫国，刘勇军等．期权定价中 BS 模型与 JD 模型的比较［J］．系统工程学报，2017，35（8）：50 - 58.

［187］韦铸娥，何家文．随机波动率跳扩散模型的双币种任选期权定价［J］．数学的实践与认识，2020，50（12）：94 - 101.

［188］吴鑫育，李心丹，马超群．基于随机波动率模型的上证 50ETF 期权定价研究［J］．数理统计与管理，2019，38（1）：115 - 131.

［189］谢素．不变方差弹性（CEV）过程下障碍期权的定价［J］．管理科学学报，2001，4（5）：13 - 20.

［190］杨宏力．中国农村土地要素收益分配研究［M］．北京：经济管理出版社，2020：33 - 34.

［191］杨向峰．不确定微分博弈及其应用［D］．中国人民大学硕士

学位论文，2014.

[192] 张茂军，秦学志，南江霞. 基于三角直觉模糊数的欧式期权二叉树定价模型 [J]. 系统工程理论与实践，2013，33（1）：34 – 40.

[193] 张志强. 基于不确定理论的金融衍生产品定价问题的研究 [D]. 山西大学博士学位论文，2016.

[194] 赵巍，何建敏. 股票价格遵循分数 Ornstein – Uhlenback 过程的期权定价模型 [J]. 中国管理科学，2007，15（3）：1 – 5.

[195] 郑小迎，陈金贤. 关于新型期权及其定价模型的研究 [J]. 管理工程学报，2000，14（3）：56 – 61.

[196] 周佰成，王建飞. 基于 OU 过程的中房指数期权定价 [J]. 管理世界，2013，4：176 – 177.

致　谢

　　书稿完成之际，要感谢的人太多。首先，要感谢我的恩师马卫民教授，他严谨的科研作风、负责的工作态度、极大的格局和出色的管理才能给我深刻的影响和极大的帮助。感谢他给我进入百年学府同济大学攻读博士学位的机会，在管理科学与工程的科学前沿带领我沉浸其中。再次对马老师表示深深的感谢！其次，要感谢清华大学数学系的刘宝碇教授，自硕士阶段起刘老师就对我的科研给予很多指点，传授的人生哲理使我醍醐灌顶。感谢课题组的柯华副教授，他的意见总让我在遇到科研难题时峰回路转。感谢我的硕士生导师张兴芳教授，她的学术精神一直激励着我。感谢聊城大学商学院的各位同事，是你们的帮助使本书可以顺利完成。最后，感谢为我一直默默付出的家人，是你们作为我坚强的后盾，可以让我全身心地投入繁重的科研工作。

　　再次感谢所有帮助和支持我的人！

　　本书是在我的博士学位论文的基础上进行修改、补充完善后形成的，希望可以为金融衍生产品市场的完善尽到绵薄之力。作为一名学习者，知识水平有限，编写时间仓促，所以书中错误和不足之处在所难免，恳请广大读者批评指正。

刘　洋

2021 年 5 月 1 日